KB065562

노조공화국

윤기설 지음

노조공화국

누가
한국경제를
망치는가

미래＿＿H

한국의 노동개혁을 생각한다

2019년 10월 집권 여당인 더불어민주당 의원 12명이 전국경제인연합회(전경련)를 방문해 대기업 임원들에게 의례적인 인사말을 했다가 노동계에 사과하는 코미디 같은 일이 벌어졌다. 민주당 의원들은 대기업 임원들에게 "우리가 대기업 노조나 민주노총 편이 돼 일하는 건 절대 아니다. 민주당에 반기업 정서가 있다는 선입견을 갖지 말고 규제개혁을 위해 국회의원들과 소통해 달라"고 말했다고 한다. 경제단체를 방문한 여당 의원들로서 충분히 할 수 있는 당부의 말이었다. 그런데 노동계에서 불편한 심기(?)를 드러냈고 민주당에선 "오해할 만한 발언이 있었다면 그분들(노동계)에게 정식으로 사과하겠다"고 몸을 낮췄다. 눈을 씻고 봐도 노동계가 화낼 만한 내용은 찾기 어려웠지만 민주당은 마치 죄진 사람들처럼 쩔쩔매는 모습을 보였다. 우리나라 노동권력이 얼마나 막강한지를 실감케 하는 대목이다.

문재인 정권 들어 노동권력의 위세는 하늘을 찌를 듯 높다. 촛불시위를 이끈 '개국공신' 민주노총은 '노동이 존중받는 사회를 만들겠다'는 문재인 정권의 친노동 정책과 만나면서 거대 권력집단으로 탈바꿈했다. 전쟁을 방불케 하는 전투적 조합주의는 선진국에서는 자취를 감췄지만 이 땅에서는 여전히 위력을 과시하고 있다. 국회, 검찰청사, 공공기관 등 국가 중추기관을 휘젓고 다니며 벌인 민주노총의 불법시위는 우리나라 노동운동의 현주소를 보여주는 사례다. 이들에게 공권력은 경계의 대상이 아니다. 오히려 공권력이 민주노총의 눈치를 살핀다.

고임금을 받는 대기업 귀족노조들은 연례행사처럼 파업을 벌이며 제 몫 챙기기에 나선다. 사회 모든 분야에서 개혁과 변화가 급속도로 진행되고 있지만 민주노총은 여전히 이념투쟁, 정치투쟁에 매몰돼 있다. 권력의 독점과 세습을 노리는 노동조합 간부들은 일반 조합원들의 근로조건 개선보다는 계파 간 선명성 경쟁과 헤게모니 다툼에 집중한다. 주사파인 NL(민족해방)계와 평등파인 PD(민중민주)계 간의 철 지난 계파 싸움은 좀처럼 수그러들지 않고 있다. 대화와 타협은 어용으로 매도당하고 투쟁만이 대우받는 풍토가 자리 잡고 있다. 2019년 12월 한국노총을 제치고 제1노총 자리에 등극했다는 정부의 공식 통계가 발표되자마자 민주노총은 최대 상급단체에 걸맞은 대우를 해 달라고 정부에 손을 내밀었다. 노사정 사회적 대화기구인 경제사회노동위원회는 거들떠보지도 않으면서 다른 정부위원회에 참여해 노동계의 입장을 적극 반영하겠다는 의도다.

세계노동운동은 변화하는 경제 환경에 적응하기 위해 자기혁신에 절치부심해왔다. 기술진보에 따른 산업구조 재편과 치열한 글로벌 경제전쟁에서 살아남기 위해 노동운동 내부의 개혁이 불가피하다고 여긴 때문이다. 이런 흐름 탓에 선진국들의 노동조합 조직률은 급격히 추락하고 있다. 노동운동의 발상지인 영국을 비롯하여 독일, 프랑스, 일본, 미국 등의 노조조직률은 30여 년 전보다 절반 이하로 뚝 떨어진 상태다.

세계적 흐름과는 반대로 대한민국에서는 노동운동이 위세를 떨치는 희한한 현상이 벌어지고 있다. 노조조직률은 크게 높아지고 있고 친노동·반시장 정책은 기업들의 생산의욕을 꺾고 있다. 세계적으로 고용훈풍이 불고 있지만 한국에서는 고용절벽과 양극화가 심화되고 있고 경제 지표들은 거꾸로 가고 있다. 문재인 정부의 핵심 경제 정책인 '소득주도성장'은 자영업자와 영세중소기업의 경영에 타격을 입히고 있지만 이를 철회할 기미는 보이지 않고 있다. 여기에 주 52시간제 도입, 비정규직 제로(0)화, 실업자·해고자의 노조가입 허용 등 끝없는 반시장 정책이 이어지면서 지금껏 경험해보지 못한 경제 환경을 맞이하고 있다. "대한민국은 노조공화국이냐"라는 비판이 쏟아지는 배경들이다.

인구가 5000만 명을 넘고 1인당 국내총생산(GDP)이 3만 달러를 웃도는 경제대국 대한민국이 극심한 경제난을 겪는 아르헨티나, 베네수엘라, 그리스 등의 포퓰리즘 정책을 벤치마킹한 것 아니냐는 비아냥마저 나오고 있다. 서울시 등 일부 지자체에선 시민들에게 노조가입을 독려하는 홍보물까지 제작, 배포하고 있어 "노동세력이 장악하는 노조공화국의 길로 가고 있다"는 우려의 목소리도 높다.

이 책을 통해 전달하고자 하는 메시지는 분명하다. 무소불위의 권력을 휘두르는 한국 노동운동의 행태와 기업 경영을 옥죄는 '붉은 깃발법*'들을 사례 중심으로 소개하고 외국의 실패한 포퓰리즘 정책과 성공한 노동개혁 사례를 비교 분석함으로써 우리나라의 바람직한 노동개혁 방안을 모색해보자는 것이다.

1부에서는 민주노총의 노동운동 행태와 집단이기주의에 빠진 대기업 노조의 파업 관행, 민주노총 내부의 계파 간 헤게모니 싸움 등의 실태를 분석했다. 공권력도 우습게 여기는 노동권력의 안하무인, 불법파업에 대한 정부의 안이한 자세 등도 다룸으로써 우리나라 노동운동의 민낯을 국민들이 올바로 인식하도록 했다. 또한 제1노총으로 등극한 민주노총의 권력자원은 얼마나 되는지, 투쟁력은 선진국에 비해 어느 정도 강력한지 등도 알아보았다. 노동운동가의 정치세력화, 교육계를 장악한 전교조가 현장에 미치는 파급효과도 분석대상으로 삼았다.

2부에서는 친노동 정책이 국가 경제와 기업에 미치는 부정적 영향에 대해 조망했다. 급격한 최저임금인상을 통한 소득주도성장, 주 52시간제, 노동이사제 도입, ILO 핵심협약 비준을 위한 노동관계법 개정 등 '붉은 깃발법'을 연상케 하는 친노동, 반시장 정책이 줄을 잇고 있는데 이들은 어떤 문제점을 안고 있고 바람직한 대안은 무엇인지 등을 짚어봤다. 또한 문 대통령 대선공약인 광주형 일자리는 무엇이 문제인지, 친노동

---

* 1865년 영국에서 제정돼 1896년까지 약 30년간 시행된 세계 최초의 도로교통법이자 대표적인 시대착오적 규제법으로 꼽힌다. 마차사업의 이익을 보호한다는 구실로 도심에서 마차가 붉은 깃발을 꽂고 달리면 자동차는 최고속도를 시속 3km로 제한하여 그 뒤를 따라가도록 하게 규정한 법이다. 이로 인해 영국은 가장 먼저 자동차 산업을 시작했음에도 불구하고 독일과 미국에 뒤처지는 결과가 일어났다.

판결로 인한 기업들 피해와 개헌안이 노사관계에 어떤 영향을 미칠지 등도 깊이 있게 다뤘다.

3부에서는 베네수엘라, 아르헨티나, 그리스 등의 포퓰리즘 정책이 국가 경제에 어떠한 영향을 미쳤는지를 사례 중심으로 분석함으로써 우리나라 정부가 반면교사로 삼는 데 도움이 될 수 있도록 했다. 또한 노동개혁을 통해 경제위기를 극복한 하르츠개혁, 대처리즘, 마크롱개혁 등은 국정 최고 책임자의 강력한 리더십이 있었기에 가능했다는 점도 파악할 수 있도록했다. 아울러 법과 원칙을 통해 노사안정을 찾은 미국과 대기업 노조 간부들이 앞장서 실용주의 노선을 정착시킨 일본의 사례는 우리나라가 본받아야 할 모범 교과서로서 손색이 없을 것이다.

4부에서는 앞에서의 분석들을 토대로 우리나라의 바람직한 노동개혁 방향을 제시했다. 국가 경제의 성장 동력을 높이기 위해선 노동시장의 유연화와 국제 기준에 맞는 노사관계법 개정, 임금체계 개편 등을 골자로 하는 노동개혁은 필수적이다. 하지만 노동계의 저항이 워낙 거세기 때문에 노동개혁은 그리 쉽지 않다. 정치 지도자의 강력한 리더십이 발휘돼야 성공 가능성이 있다. 따라서 노동개혁의 당위성과 필요성에 대해 국민을 설득하고 일관성 있게 정책을 밀고나갈 수 있는 국가 지도자의 리더십과 덕목을 주문했다. 아울러 노동운동이 집단이기주의와 정치투쟁에서 벗어나 노사 모두가 상생할 수 있는 실용주의 노선을 택해야 노동개혁이 가능하다는 점도 강조했다.

이 책은 노동운동가와 일반 근로자, 기업의 인사노무 담당자, 경제 정책을 개발하고 입안하는 행정부처 담당자와 정치인들, 그리고 일반시민들에게 널리 읽히기를 기대하며 썼다. 이 책의 발간이 국내외 노동운동과 노동정책에 대한 사고의 폭을 넓히고 우리나라에서 노동개혁이 왜 필요한지를 인식하는 계기가 됐으면 한다.

이 책의 출간에 많은 도움을 준 김경태 전 한경BP 사장과 홍성호 한국경제신문 부국장, 박기호 한국경제신문 좋은일터연구소장에게 감사의 뜻을 전한다. 책의 출간을 흔쾌히 맡아주신 미래사의 고영래 사장님에게도 진심으로 감사드린다.

2020년 2월
윤기설

2부 기업 경쟁력 가로막는 '붉은 깃발들'

3부 포퓰리즘 vs 노동개혁, 국가 명운 가른다

4부 노동개혁 이렇게 하자

1부

견제 받지 않은 권력,
한국의 노동운동

무소불위의
민주노총

　　　　　　　　　　　　　　노동 존중사회를 표방한 문재인 정
권이 들어선 이후 민주노총은 이명박, 박근혜 정권 때보다 훨씬 막강한
권력을 휘두르고 있다. 민주노총은 마치 제 세상 만난 듯 전국을 누비며
비정규직의 정규직화 등을 요구하며 불법파업, 불법시위를 벌인다. 민
주노총은 2015년 백남기 씨 사망을 초래한 민중총궐기대회를 주도한 데
이어 2016년 광화문 촛불시위 때는 막강한 조직력을 바탕으로 인적, 물
적 자원의 상당부분을 공급하며 광장의 '최고 권력자'로 우뚝 섰다. '촛불
혁명'을 통해 태동한 정권이라고 스스로 자임해온 문재인 정부는 광장의
최고 권력자이자 '혁명동지' 민주노총의 웬만한 불법점거농성에 대해선
눈감아준다. 문재인 정권의 친노동, 반시장 정책은 민주노총의 노동권력
을 더욱 견고하게 만들어주었고, 투쟁을 통해 제몫을 챙기는 '전투적 실
리주의' 노동운동을 부추겼다. 민주노총은 임금과 근로조건의 함수 관계

는 생산성이 아니라 투쟁에 따라 결정되는 것으로 여긴다. 투쟁을 하면 할수록 노동자에게 더 많은 파이가 돌아온다고 생각한다.

2019년 12월 문재인 정부가 이낙연 총리 후임에 김진표 더불어민주당 의원을 임명하려다 민주노총, 참여연대 등의 반대로 꼬리를 내렸던 일은 민주노총의 막강한 권력을 확인할 수 있는 기회였다. 민주노총은 성명을 통해 "김 의원은 (노무현 정부 때) 경제부총리 시절 재벌단체나 외국 자본가를 만난 자리에서 비정규직 문제도, 외국 자본 투자 기피도 대기업 노조 탓으로 돌렸다"고 지적했다. 김 의원이 반노동, 친시장적 성향이어서 총리감으로 부적절하다는 주장이었다. 그러자 민주노총의 눈치를 살펴온 문재인 정부는 김 의원의 총리 임명을 거둬들였다. 아무리 '개국공신'이라고 해도 국무총리 인선 과정에서 투쟁을 일삼고 반시장 정책을 요구하는 민주노총의 '허가'까지 받아야 하는지, 도대체 이해가 가지 않는다.

2019년 1월 문재인 대통령과 양대 노총 위원장의 청와대 면담 때 민주노총은 '슈퍼 갑'으로서의 행동을 유감없이 발휘했다. 청와대 요청으로 이뤄진 회동에서 문 대통령은 김명환 민주노총위원장에게 경제사회노동위원회 참여를 요청했으나, 김 위원장은 확답 대신 7가지 청구서를 내밀었다. 정부가 추진하는 탄력근로제 기간 확대 및 최저임금 결정체계 개편 반대, 광주형 일자리 철회 등이 들어 있는 리스트였다. 민주노총이 자신들의 일방적인 요구만 대통령에게 전달하고 모임을 끝낸 것이다. 민주노총의 사업계획에는 주한미군 철수를 포함해 경제·외교·통일 등 이른바 '국가 대개혁'까지 포함돼 있다. 노동개혁이 절실한 마당에 민주노총이 국가개혁을 말하는 것 자체가 어불성설이다. 한 대기업 노조 간부 출신은 민주노총의 이러한 행태에 대해 "힘깨나 쓰는 노동조합이나 노조 간부들은 권력의 독점과 세습을 통해 스스로 노동귀족과 노동권력층이 되고자 혈안이 돼 있다"며 "습관화되는 투쟁지향성과 외부 시선을 두려워하지 않는 이전투구식 계파 다툼도 이 때문에 벌어진다"고 질타했다.

민주노총은 자신들의 입맛에 맞지 않는 정부 정책이 추진되면 총파업 투쟁을 서슴지 않는다. 국제 기준에 맞게 추진되는 정책에 대해서도 민주노총은 '노동개악'이란 이유를 내세워 어깃장을 놓기 일쑤다. 기업들의 인력운영에 숨통을 틔워주기 위해 도입하려던 탄력근로제 기간확대(6개월)는 민주노총의 거센 저항에 부딪히고 있다. 대부분 선진국들이 허용하는 탄력근로제 1년에 훨씬 뒤떨어지는 수준이지만 민주노총의 반대는 요지부동이다. 노동자를 희생시키는 악법이란 게 반대 명분이었다. 막강 권력의 민주노총이 반대 투쟁을 계속 벌이면 경영계는 앉아서 당하는 수밖에 없다. 전투적 조합주의(militant unionism)는 노동운동을 전투화시키고 자신의 이익만을 챙기는 무책임한 싸움꾼으로 전락시킨다. 이 때문에 민주노총은 국가 경제와 민주주의 발전을 가로막는 저항집단으로 인식된다.

민주노총 지도부에게 노동관련 제도의 장점은 무엇인지, 국가 경제에 어떠한 영향을 미치는지, 노동자의 근로조건에는 어떤 변화가 있는지 등은 별 관심거리가 아니다. 오로지 투쟁을 통해 정부와 경영계의 정책의지를 무력화시키고 내부 입지를 다지는 게 중요하다. 그래야 계파 간 주도권 싸움과 선명성 경쟁이 치열한 조직에서 지도부가 살아남을 수 있다.

현장에서 목격되는 민주노총의 노동권력은 상상을 초월할 정도다. 웬만한 불법파업을 벌여도 공권력의 제재를 받지 않는다. 공권력에 의해 구속되어도 석방되는 건 시간문제다. 2019년 6월 민주노총이 국회 불법 진입을 시도하다 불법행위를 벌인 혐의로 구속됐던 김명환 민주노총위원장이 구속 6일 만에 풀려났다. 장기간 구속될 것이란 경영계의 예측은 완전히 빗나갔다. 김 위원장은 2018년 5월과 2019년 3월, 4월 등 4차례나 국회 앞 집회에서 차로를 점거하고 경찰의 플라스틱 방어막을 뜯어내고 국회 경내 진입을 시도하면서 경찰관을 폭행한 혐의로 구속됐었다. 특수공무집행 방해, 특수공용물건 손상, 공동건조물 침입, 일반교통 방해, 집회 및 시위에 관한 법률 위반 등의 혐의가 적용됐다.

구속 사유가 넘쳐났지만 김 위원장은 오히려 자신의 구속이 과잉 법집행이라며 강한 불만을 터뜨렸다. 하지만 그의 죄질에 비해 너무 빨리 석방됐다는 게 법률전문가들의 일반적인 시각이다. 이 때문에 국민들의 비판 여론이 높았고 노동권력에 대한 시혜라는 비난도 쏟아졌다. 그는 풀려나면서 사법당국을 향해 "이런 무리한 구속에 대한 분명한 책임이 있을 것"이라고 경고했다. 노동권력의 최정점에 있는 민주노총위원장을 감히 공권력이 구속할 수 있느냐는 태도였다. 안하무인이 따로 없다. 공권력을 '장기판의 졸'로도 여기지 않는 태도다.

민주노총의 도를 넘어선 '갑질'은 문재인 정부 들어 새삼스러울 것도 없다. 민주노총은 아무런 거리낌없이 기업체 사장실과 지방노동청 등 공공기관을 돌아다니며 기습시위와 무단점거를 벌여왔다. 하지만 공권력은 별다른 제지를 하지 않아 기업체와 공공기관들은 앉아서 피해를 입어야 했다. 민주노총 간부 5명은 2018년 10월 김천시청 시장실을 무단점거하고 이틀간 농성을 벌인 적이 있다. '비정규직의 정규직 전환'을 촉구하기 위해서였다. 이들에게 시장실은 자기들 안방이나 마찬가지였다. 짜장면을 시켜 먹고 소파에서 잠을 자기도 했다. 김천시 입장에서는 말도 안되는 일을 당한 것이다. 주변에 있던 경찰 50여 명은 뒷짐을 진 채 불난집 불구경 하듯 했다. 불법 점거농성자들은 공권력을 전혀 무서워하거나꺼리지 않았다. 이들에게 공권력의 존재는 허수아비나 다름없었다.

한국GM의 카허 카젬 사장은 2018년 외국인 CEO로는 황당한 일을 당했다. 그해 5월 한국GM 비정규직 40여 명이 사장실을 점거해 집기를 부순 데 이어 10월엔 노조원 수십 명이 회사 측의 연구개발(R&D) 신설법인분리 및 독립을 반대하며 부평 본사 3층 사장실 앞을 점거한 것이다. 당시 카젬 사장은 사장실 안에 사실상 감금돼 있었다. 법과 원칙이 통하지않는 대한민국 산업현장에서 노동권력으로부터 경영권 침해를 강요받은것으로 전세계 어느 나라에서도 목격되지 않는 노동권력의 갑질이다. 오죽했으면 한국GM 노조사무처장 출신인 홍영표 당시 더불어민주당 원내대표까지 노조의 행태를 비난했을까. 그는 "미국 같은 나라에선 사장을감금시키는 것은 테러다. 민주노총 이런 곳은 대화해서 뭐가 되는 곳이아니다"며 민주노총을 강도 높게 비판했다.

이념과 조직논리에 의해 움직이는 민주노총은 정상적인 대화가 힘든집단이다. 대화와 타협을 지향하는 노동운동은 어용으로 매도당하고 타협 없는 투쟁만이 대우받는 풍토다. 2018년 11월 탄력근로제 확대 반대와 비정규직의 정규직화 등을 주장하며 벌인 민주노총의 총파업과 불법 점거농성에 대해 당시 임종석 청와대 대통령 비서실장과 이해찬 더불어민주당 대표 등이 자제할 것을 권고한 적이 있다. 그러자 민주노총은 "개가 짖어도 기차는 간다"고 비아냥대며 정부·여당의 자제 권고를 깔아뭉갰다. "정치권력이 감히 노동권력의 길을 막느냐"는 투였다. 이런 모습들이 무소불위의 노동권력으로 무장한 우리나라 민주노총의 민낯이다.

대기업 귀족노조의
집단이기주의

현대자동차 노조(민주노총 금속노조 현대자동차 지부)의 파업은 연례행사다. 이 노조는 1987년 설립된 이후 2018년까지 31년 동안 4차례를 제외하고 매년 파업을 벌였다. 지금까지 누적 파업 일수는 451일이고, 파업으로 인한 생산차질액이 20조 원에 달하는 것으로 회사 측은 추산한다. 현대차 노조의 파업중독증은 전세계에서 유례가 없는 특이한 사례다. 대기업 노조가 내 밥그릇 더 챙기겠다며 매년 파업에 나서는 사례는 전세계 노동운동사에서 찾아보기 힘들다. 회사의 경영실적이 좋든 나쁘든, 임금수준이 높든 낮든, 현대차 노조에게 고려 대상이 아니다. 내 몫만 챙기면 그만이다. 글로벌 자동차 기업들이 생존을 위해 고강도 구조조정을 단행하고 있지만 현대차에서는 구조조정은 고사하고 인력의 전환배치조차 어렵다. 강성 노조가 버티고 있기 때문이다.

평균 연봉 1억 원에 가까운 임금을 받으면서도 매년 더 달라며 파업을 벌이는 현대차 노조에 대해 국민들은 곱지 않은 시선을 보낸다. 임금협상 때마다 노조가 회사에 요구하는 금액이 통상적으로 1인당 3000만 원을 넘기고 있고 실제 노사협상을 통해 타결되는 인상 액수도 2000만 원을 넘는 경우가 많다. 일본 도요타 노조가 사상 최대 수익을 내고도 수년 동안 임금동결을 주장하는 것과는 완전히 대조적이다. 이러니 우리나라 대기업 노조가 '노동귀족'이라는 비판을 받는 것이다.

현대차 노조의 파업중독증이 다른 사업장에 미치는 영향은 크다. '착한 노조'로 알려진 르노삼성 노조도 임금협상 때 파업을 무기로 꺼내 들고 있다. 파업이 일상화된 나라에서 상생의 노조가 투쟁모드로 전환했다고 해서 새삼스러울 건 없다. 하지만 웬만해선 파업을 하지 않던 사업장이 노사갈등으로 피해를 입다 보니 국민들의 시선이 집중되는 것이다. 이 노조는 2018년 6월 임단협 협상을 시작한 이후 8개월 동안 모두 42차례에 걸쳐 160시간의 부분파업을 벌였다. 자신들의 요구사항을 유리한 조건으로 관철시키기 위해서다. 해를 넘겨 가며 벌이는 노사협상에 진절머리가 난 협력업체와 시민단체들은 "지금이 파업할 때냐"며 분통을 터뜨리지만 노조는 이에 아랑곳하지 않는다.

임금을 투쟁의 함수로 여기는 국내 자동차 노조들은 매년 집단행동을 통해 생산성을 웃도는 고임금을 챙긴다. 세계 최고의 임금수준을 자랑(?)하는 배경이다. 차량 1대 만드는 데 걸리는 평균시간(HPV)을 선진국 경쟁사에 비교해보면 우리나라 자동차 회사들의 생산성이 얼마나 뒤처지는지를 알 수 있다. 한국자동차산업협회에 따르면 지난 2016년 기준 현대자동차 국내 공장의 HPV는 26.8시간으로 도요타(24.1시간), 포드(21.3시간), GM(23.4시간) 등 주요 경쟁사들보다 긴 것으로 나타났다.

주요 자동차사 생산성(HPV) 비교(2016년)　　　　＊HPV=자동차 한 대 만드는데 걸리는 시간

	현대차	도요타	GM	포드
HPV	26.8시간	24.1시간	23.4시간	21.3시간

(자료:한국자동차산업협회)

2018년 문을 닫은 한국GM 군산공장은 HPV가 무려 59.3시간에 달했다. 이러한 낮은 생산성 구조로 글로벌 기업들과 경쟁을 벌인다는 게 신기할 따름이다. 생산성은 낮지만 국내 자동차 회사들의 임금은 선진국 경쟁 회사들보다 많다. 한국자동차산업협회가 2016년 주요 자동차 업체들의 평균임금을 조사한 결과, 한국 완성차 5개사의 임금은 연 9213만 원을 기록했다. 같은 기간 도요타의 평균 임금 9104만 원, 폭스바겐 8040만 원보다 높은 수준이다.

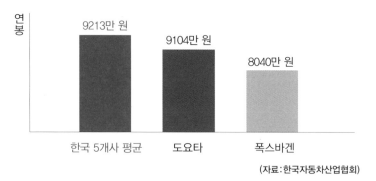

세계 주요 자동차사 임금비교(2016년)

(자료:한국자동차산업협회)

노동생산성이 높고 수익도 많이 내는 글로벌 기업 노동자들보다 더 많은 임금을 챙기는 것이다. 매출액 대비 임금 비중도 현대자동차의 경우 2016년 기준 15.2%로 도요타(7.8%), 폭스바겐(9.5%)을 훨씬 앞섰다.

이러한 고비용 저효율 구조가 굳어지고 GM의 군산공장 폐쇄 등이 겹치면서 생산량 기준 세계 5위였던 한국 자동차 산업의 경쟁력은 7위로 추락했다. 한국자동차산업협회에 따르면 2000년대 들어 가동률 95%를 돌파하며 빠른 성장세를 보였던 한국 자동차 산업은 지난 2015년 생산량 455만 6000대를 기록, 중국과 미국, 일본, 독일에 이어 세계 5위까지 올라섰다. 그러나 2016년에는 422만 9000대로 감소하며 인도에 5위를 내줬고 2년만인 2018년 멕시코에도 밀려 7위로 떨어졌다. '배부른 귀족노조'의 고임금투쟁과 생산성 하락이 자동차 산업의 경쟁력 약화를 부채질 한 셈이다.

글로벌기업인 현대차 노조는 왜 투쟁만능주의에 빠졌나. 가장 큰 요인은 현대차 노조가 정치집단화됐기 때문이다. 이 노조 내에는 주도권을 잡기위한 이른바 현장의 정파(政派)들이 난립해 있다. 현재 8~9개 정도의 정파가 활동하는 것으로 알려졌다. 2000년대까지만 해도 현장 정파가 15개에 달했다. 이후 합종연횡을 거치면서 많이 사라졌으나 아직도 절반 이상이 남아 주도권 싸움을 벌이고 있다.

이들 정파는 대부분 강성 또는 중도를 표방하고 있다. 온건파는 1~2곳에 불과하다. 현대차 노조에서 주도권을 장악하려면 투쟁은 필수다. '목소리 큰 ×이 장땡'이라고 일단 큰소리치며 거칠게 굴어야 한다. 그래야 조합원들의 기대심리를 충족시킬 리더십으로 대접받으며 조직 내 신뢰를 얻는다. 노조원들은 전투적 지도부를 선호한다. 현대차 노조는 민주노총이 이끄는 각종 정치파업에 빠짐없이 얼굴을 내밀고 있다. 생산 차질을 빚든 말든 개의치 않는다.

현대차 노조 내에서 지도부가 상생을 주장했다간 '비굴한 타협'이니 '어용'이니 하는 비판에 직면한다. 현대차에서 투쟁을 접는다는 것은 노동운동을 포기하는 거나 마찬가지다. 일 년 내내 파업으로 날 밤을 새우는 것도 이같은 조직문화 때문이다.

2000년대 후반 현대차 노조에 실용주의 운동노선을 기치로 내건 '낮은 소리들의 모임(낮소모)'이란 정파가 만들어진 적이 있었으나 이 조직은 별다른 공감을 얻지 못했다. 상생과 협력을 강조하는 이 조직에 별로 기대할 게 없다고 생각한 때문이다. 전체 조합원 5만여 명 가운데 이 조직을 지지하는 조합원은 100여 명에 불과할 정도였다. 이 중에서도 낮소모 소속이라고 떳떳하게 밝힌 노조원은 10~20명에 불과했고 나머지는 죄 지은 사람들처럼 몰래 숨어서 이들의 노동운동을 지지했을 뿐이다. 전투적 조합주의가 판치는 조직에서 합리적 운동이 어떤 취급을 받는지를 잘 보여주는 사례다.

선진국 자동차 노조들은 투쟁을 접은 지 오래다. 도요타 노조는 1950년 이후 70년 가까이 무파업 신화를 이어가고 있다. 투쟁적 노동운동으로 유명했던 닛산 노조의 투쟁노선도 1980년대 들어 자취를 감췄다. 독일 폭스바겐은 1990년대 이후 지금까지 파업은 목격되지 않는다. 2000년대 후반 일본 렌고(일본노동조합총연합회)를 방문했을 때 만난 한 간부의 말은 지금도 기억에 생생하다. 그는 "도요타 노조가 최대수익을 내고도 임금 동결을 요구한 것은 다른 기업 근로자들의 임금을 고려한 때문"이라고 밝혔다. 이는 사회적 위화감을 고려한 임금자제로 노조가 사회적 책무에 앞장섰다는 얘기다. 현대차 노조에게는 이러한 모습을 찾아보기 어렵다. 제 몫만 챙기는, 부끄럽고 몰염치한 집단이기주의 노동운동이 판칠 뿐이다.

민주노총 소속 대기업 노조들은 집단투쟁을 통해 자신들의 이익을 극대화하는 전투적 실리주의 노선을 걷는다. 민주노총이 내세우는 사회정의와 약자보호는 허울뿐인 구호에 그친다. 김대환 전 노동부장관은 『한국노사관계의 진단과 처방』이란 저서에서 한국의 노동운동 행태를 이렇게 표현했다. "한국의 노동조합은 '노동운동＝민주화＝진보'라는 등식을 지렛대 삼아 노동자가 주인 되는 세상을 위한 역사진보의 담지자로 자처하면서 현실적인 힘을 획득해갔다. 이 힘은 노조의 투쟁성 혹은 전투성으로 표출되었는데, 집단적 권리의 쟁취와 더불어 개별적 이익의 증진을 도모하는 전투적 실리주의로 나아가게 되었다." 투쟁을 통해 사용자를 압박하고 제 몫을 챙겼다는 지적이다. 대기업 노조가 고임금을 받아낼 목적으로 집단행동을 벌이면 시민들은 "고연봉의 귀족노조가 무엇이 부족해 파업을 벌이냐"며 싸늘한 시선을 보낸다. 대기업 노조도 이제 내 몫 챙기기 투쟁을 자제하고 노동운동에 대한 패러다임의 근본적 전환이 필요한 시점이다.

민주노총을 무서워하는
공권력

2018년 11월. 충남 아산에 있는 유성기업에서는 노조원들이 회사 간부를 상대로 조직폭력배를 방불케 할 정도의 잔인한 폭력행위까지 서슴지 않았다. 유성기업 노조원 10여 명은 대표이사 집무실에서 김모 노무담당 상무를 집단폭행했다. 이들이 나눈 현장 녹음내용은 마치 조직폭력배 행동대원들 간의 대화를 뺨치게 했다. 마치 '폭력면허'를 받은 듯이 "모가지 부러지고 뒈지는 거야" "이 ×××피 나니까 아파?"라고 하면서 김 상무를 1시간여 동안 집단 구타해 코뼈를 부러뜨리고 눈뼈를 함몰시켜 전치 5주의 중상을 입혔다. 전세계 어느 나라에서도 찾아볼 수 없는 폭력적인 노동운동이 세계 10위권 경제대국 대한민국의 산업현장에서 벌어진 것이다. 탈법행위를 자행한 유성기업 노조원들은 법 위에 군림하는 조폭이나 다름없었다.

더욱 황당한 것은 회사 측의 신고를 받고 출동한 경찰들은 피가 줄줄

흐르는 현장을 보고도 개입하지 않았다는 점이다. 오히려 경찰들은 노조로부터 꾸지람을 듣고 있었다. 노조는 현장에 도착한 경찰에게 "어딜 들어와 ×× 짭새가!"라고 호통 쳤다. 종합격투기에서나 볼 수 있는 니킥까지 동원한 노조권력의 폭력행태를 경찰이 구경만 하고 있었다는 게 도무지 믿기지 않는다. 무소불위의 노동권력에 공권력이 겁을 먹지 않고서는 일어날 수 없는 일이다. 법치국가에서 대낮에 일어난 일이라고 하기에는 너무 창피하고 수치스러운 광경이다.

'민주노총은 촛불혁명 일등공신이다. 누가 감히 제지할 수 있을까. 차라리 부상을 입는 게 낫지. 시위대에 맞서 물리력을 사용하는 것은 자살행위나 마찬가지다. 공권력으로 잘못 진압하다가 시위대에 부상을 입혔다간 개인 재산으로 보상해 줄 수도 있다. 뒷짐을 지고 구경을 하는 게 상책이다. 노조권력과 충돌하는 건 무모하고 어리석은 짓이다. 시민들로부터 "왜 공권력이 가만히 있냐"는 비난을 받으며 차라리 욕을 먹는 게 마음 편하다. 불법 파업을 막다가 인명피해라도 생긴다면 그 책임은 누가 지나. 경찰청장이 지나, 행정자치부 장관이 지나. 결국은 나한테 책임이 돌아올 가능성이 큰데….' 시위대를 막으러 현장에 나오는 경찰들은 시위대와 마주할 때마다 온갖 상념들이 머릿속을 스쳐 지나갈 것이다.

전국을 휘젓고 다니는 민주노총의 불법행위에 대해 청와대와 더불어민주당은 말로만 쓴소리를 할 뿐이다. 공권력이 직접 불법파업 제지에 나서는 경우를 목격하기 쉽지 않다. '견제 받지 않은' 노동권력의 오만함이 하늘을 찌르는 상황에서 공권력이 불법파업에 맞설 용기를 갖기란 쉽지 않다. 하지만 떼법, 불법파업에 대해 단호하게 대응해야 기울어진 노사관계를 바로 잡을 수 있다. 불법파업을 하면 불이익을 당한다는 교훈을 확실히 심어줄 필요가 있다. 그래야 '대한민국은 노조공화국'이라는 비아냥에서 자유로울 수 있다.

국민들은 투쟁만능주의에 빠진 민주노총의 '적폐'를 청산해야 한다고 목소리를 높이지만 문재인 정부 들어서는 노동권력의 불법행위를 적폐로 여기지 않는 것 같다. 불법점거농성으로 인해 공공기관과 기업들이 업무 방해를 받고 난장판이 돼도 공권력은 해결할 엄두를 내지 못한다. 노동 존중사회를 표방한 탓인지, 문재인 정부에서는 노조의 웬만한 불법에 공권력은 뒷짐을 진다. '노동 존중'이 아니라 '노조 존중' 정부 같다는 생각이 든다. 공공의 안녕과 사회질서 유지는 뒷전이다. '법과 원칙'은 문재인 정부 들어 오히려 '적폐' 취급을 받는 느낌이다. 그러다 보니 민주노총은 물 만난 물고기처럼 '무소불위의 권력'을 마음껏 누리고 있다. "이게 나라냐"는 비판이 쏟아지지만 촛불혁명의 성공을 이끈 민주노총의 불법파업을 누가 제지할 수 있나. 공권력은 문 정권 들어 '종이호랑이'로 전락했다.

불법파업이나 불법집회 때 경찰들의 자세가 소극적으로 바뀌게 된 데는 백남기 씨 사망사건 재판이 큰 영향을 미쳤다는 분석이 많다. 백 씨는 2015년 민중총궐기집회 참가 도중 경찰 버스에 줄을 묶어 끌어내리다 경찰 물대포를 맞고 숨졌다. 이 집회에서 민주노총 등 53개 단체 6만 8000여 명(주최 측 추산 13만여 명)이 불법으로 도로를 점거하고 쇠파이프와

각목을 휘두르기도 했다. 당시 불법 폭력 시위로 7시간 동안 도심이 마비되고 경찰관 76명이 다치고 경찰 버스 43대가 파손되는 등 3억 원 이상의 피해를 봤다.

이 사태와 관련, 당시에는 경찰의 시위 진압이 문제되지 않았다. 그런데 문재인 정부 들어서 검찰은 시위관련자들을 업무상 과실 치사 혐의로 기소했다. 2019년 8월 열린 항소심에서 서울고법형사7부는 구은수 전 서울경찰청장에게 지휘·감독을 소홀히 한 혐의(업무상 과실치사)로 벌금 1000만 원을 선고했다. 재판부는 또 신윤균 전 서울경찰청 4기동단장에게는 1심과 마찬가지로 벌금 1000만 원, 살수요원인 한모 경장과 최모 경장에게도 각각 1000만 원과 700만 원의 벌금형을 선고했다. 이와 별도로 2018년 10월 서울중앙지법 민사 42부에서 열린 조정 기일에서 신 단장 등 세 사람은 백씨 유가족에게 6000만 원의 손해배상금을 배상하기로 합의했다. 불법시위를 막다가 빚어진 사건에 대해 현장의 말단 경찰에까지 책임을 물은 것이다.

경찰청 인권침해사건 진상조사위원회는 2018년 백남기 농민 사망, 쌍용자동차 평택공장 농성 및 진압, 용산 화재 참사 등 3개 사건에 대한 진상조사 결과를 발표했다. 진상조사위는 3개 사건 모두 불법집회시위인데도 불구, 경찰이 과잉진압을 펼쳤다고 결론짓고 재발방지를 촉구했다. 권고내용에는 고 백남기 농민이 사망한 2015년 민중총궐기투쟁대회와 2009년 쌍용자동차 파업과 관련해 제기한 국가 손해배상청구소송을 취하할 것도 포함됐다. 이에 "앞으로 폭력집회시위가 벌어지면 어떻게 대처할 것인가"라는 한숨 섞인 불만들이 쏟아졌다.

경찰개혁위는 사소한 불법을 이유로 시위를 막지 말라고 권고했고, 시위 진압 도중 경찰이 피해를 보더라도 시위대를 상대로 한 소송은 자제하라는 내용도 있다. 웬만한 불법시위에는 앉아서 당하라는 얘기나 마찬가지였다. 경찰은 이 권고 후 시위대가 관공서나 기업체를 불법 점거하는 경우 건물주나 시설관리자가 퇴거 요청 서한 등을 보내기 전에는 강제 해산하지 않는다고 한다. 그래서인지 전국을 방랑하며 일으킨 민주노총의 공공기관 불법 점거시위에 대해 공권력은 공무집행방해 혐의를 적용하지도 않고 현행범으로 체포하지도 않았다.

시위대의 권한을 폭넓게 인정하는 법원의 판결도 잇따르고 있어 공권력의 운신의 폭은 더욱 위축되고 있다. 대구지검 본관 현관 출입문을 6차례나 점거해 공동주거침입 혐의로 기소된 10명에 대해 대구지법 형사11단독은 2018년 11월 "범죄 목적이 없고 업무를 방해하지 않았다"며 무죄를 선고했다. 노조원들의 검찰 점거 농성에 사실상 면죄부를 준 셈이다. 2018년 7월 서울중앙지법은 정부서울청사 앞에 설치된 불법 농성 천막을 철거하려는 경찰관을 걷어차 공무집행 방해 혐의로 기소된 시위대 2명에게 무죄를 선고했다. 이러다보니 경찰 지휘부가 '불법 점거를 시도하는 시위대를 막으라'고 명령해도 현장 경찰관이 잘 움직이지 않는다는 것이다.

미국서 화염병
투척은 테러

2013년 미국 뉴욕 경찰국과 워싱턴 경찰국을 방문해 경찰간부들을 취재할 기회가 있었다. 이들에게 한국의 용산 참사 사건과 시도 때도 없이 벌어지는 광화문의 불법 집회·시위문화에 대해 설명해주었더니 무척 놀라워했다. 미국에서는 찾아보기 힘든 거친 시위가 대도심에서 수시로 벌어진다는 데 대해 신기해 하면서도 믿기 힘들다는 표정이었다. 그러면서 그들은 화염병 투척과 같은 시위는 테러에 맞먹는 수준이어서 강력하게 대응한다고 설명했다. 폭력 집회는 사회적 비용을 발생시키기 때문에 경찰은 시민의 생명과 재산을 보호하기 위해서라도 초동단계에서 폴리스라인을 설치하고 적극 진압에 나선다는 것이다. 미국 방문 때 뉴욕시내 중심에 있는 힐튼호텔 앞에서 시위대의 집회를 구경할 기회가 있었다. 시티은행 주주총회가 열린다는 정보를 미리 입수한 '월가 점령(Occupy Wall Street)' 소속 시위대가 모였다. 집회시간이 다가오자 시위대는 금세 20여 명으로 불어났다. 이들은 '우리는 버려졌다' 'OCCUPY' 등이 쓰인 피켓을 들고 호텔 앞 인도 위 길이 30m, 폭 5m 정도의 공간을 빙빙 돌며 스피커 없이 육성으로 구호를 외쳐댔다. 시위대 주변에 있던 미국 뉴욕 경찰관은 "인원이 적은 시위대는 스피커 설치가 불가능하고, 소음을 내면 바로 제재받는다"고 설명했다. 시위대는 당초 예정된 두 시간이 지나자 자진 해산했다.

미국은 시민 불편을 초래하는 집회에 대해선 법과 원칙에 따라 처리한다. 공공장소에 천막을 치고 잠을 자거나 화염병 죽창 등 무기류를 사용하는 시위자에 대해선 경고 없이 곧바로 체포한다. 미국 워싱턴 경찰국을 방문했을 때 만난 스티브 선드 특수작전과장(경무관)은 "시위대가 인도에 텐트를 칠 경우 바로 체포한다"며 "다만 미국 수정헌법 1조에 집회의 자유를 보장하고 있어 시위가 일어나면 먼저 평화적으로 해결하려고 노력한다"고 말했다. 미국에선 통행 불편, 소음 등 남에게 피해를 주는 집회·시위는 거의 찾아보기 힘들다. 바로 공권력의 제재를 받기 때문이다. 뉴욕 경찰국 소속 로버트 성(한국계) 경위도 "미국의 도심에서 대한문 앞 농성 같은 사태가 일어났다면 바로 체포감"이라며 "거칠게 데모하면 불이익을 당한다는 인식이 들도록 강력하게 대응하기 때문에 시위대도 조심한다"고 설명했다. 그는 "화염병 투척으로 시작된 용산 참사는 미국 기준으로 볼 때 테러로 간주돼 시위자들을 바로 체포할 수 있다"며 "진압 과정에서 불상사가 생기더라도 공권력은 거의 책임지지 않는다"고 덧붙였다. 시위대의 폭력적인 행동에 강경 진압으로 맞서는 것은 미국 경찰의 행동수칙 가운데 가장 기본이다. 성 경위는 "시위대의 경찰 폭행은 절대 용납하지 않는다"며 "새총, 화염병, 가스통 등을 동원하는 시위대에 대해서는 총을 쏠 수도 있다"고 강조했다. 그러면서 그는 "기업에서 불법 파업이 벌어지는 것은 상상도 할 수 없는 일"이라고 덧붙였다.

미국에서는 수정헌법 1조에 의해 집회의 자유가 보장된다. 그렇더라도 무한정 권리가 허용되는 것은 아니다. 공중의 질서를 해치거나 피해를 줄 때는 가차 없이 그에 상응하는 제재를 가한다. 미국에서 법과 원칙이 통하는 것은 공권력에 대한 사회적 신뢰가 있기에 가능하다. 성 경위는 "미국에서 공권력이 힘을 발휘하는 것은 경찰에 많은 재량권이 주어진 점도 있지만 법정 시비가 붙은 시위 사건에 대해 법원이 공권력의 손을 더 많이 들어주는 것도 큰 요인"이라고 분석했다. 성 경위는 "가이드라인에 따라 진압했음에도 법원이 경찰에 피해보상 판결을 내리면 경찰청 차원에서 책임을 져주기 때문에 경찰들은 법과 원칙에 따른 행동을 주저하지 않게 된다"고 설명했다. 시위대의 불법행위에 제재를 못하고 눈치만 보는 우리나라 공권력과는 완전 딴판이다.

미국에서 폴리스라인은 법과 원칙의 성역을 지키는 선이나 마찬가지여서 대부분의 시위대는 폴리스라인을 지킨다. 폴리스라인은 모든 행사에 적용되는 것은 아니고 과격 시위가 우려되는 집회에만 설치된다. 워싱턴 경찰국의 스티브 선드 특수작전과장은 "워싱턴에서 열리는 연 1000~1500여 건의 집회시위 중 폴리스라인을 설치하는 건수는 10%도 안 될 정도이며 대부분 평화적으로 시위가 진행된다"고 소개했다.

미국 워싱턴 백악관 앞 라파예트 공원에서 만난 스페인계 미국인인 콘셉시온 피시오토 할머니(2013년 당시 68세)는 33년째 이곳에서 반핵 1인 시위를 벌이고 있었다. 이 할머니의 시위는 도심지역이 아닌 공원지역이기 때문에 가능했다. 미국 경찰의 집회시위 대응 매뉴얼에는 도심에서의 텐트나 시설물 설치를 철저히 금지하고 있다.

미국에서는 불법파업을 벌인 노조원들이 '대참사'를 당한 사례도 있다. 1981년 미국 항공관제사협회(PATCO) 소속 관제사 1만 3000명이 임금인상과 근로시간 단축을 요구하며 파업에 돌입했을 때 레이건 행정부는 파업해제와 함께 48시간 내 직장 복귀명령을 내렸고 복귀하지 않은 노조원 모두를 즉시 해고시켰다. 이러한 법과 원칙에 의한 대응 때문에 미국 노동현장에서 불법파업은 찾아보기 어렵다.

NL계 vs PD계,
치열한 주도권 다툼

1995년 만들어진 민주노총은 한국
노총과 국내 노동계를 양분하는 상급노동단체이다. 온건노선을 걷는 한
국노총과는 달리 민주노총은 노동자 연대투쟁을 통해 사회변혁을 주장
하며 투쟁노선을 걸어왔다. 집단행동을 통해 창출된 노동권력은 대화와
타협을 거부한다. 어용의 산물로 보기 때문이다. 민주노총 산하 대기업
노조들은 집단행동을 통해 사용자를 압박한 뒤 내 몫을 챙기는 '전투적
실리주의' 노동운동을 선호한다. 민주노총은 마음에 안 드는 친시장 정
책을 펼치면 곧바로 투쟁으로 맞선다. 타협을 모색하는 지도부는 선명성
을 내세운 반대파의 공격에 곧바로 무력화된다. 이 때문에 민주노총 내
부는 주도권 싸움과 선명성 경쟁에 몰두하는 계파 간 갈등이 끊이지 않
고 있다. 조합원들의 근로조건 향상보다는 정치투쟁, 이념투쟁에 내몰린
다. 대화와 타협이 전제되는 사회적 대화에 참여하지 않는 것도 이같은

분위기 때문이다.

투쟁을 최고의 노동운동 가치로 생각하는 민주노총에는 국민파·중앙파·현장파 등 3개 계파가 치열한 주도권 싸움을 벌인다. 한 지붕 세 가족이 서로 다투며 동거하는 형국이다. 이 중 비교적 온건파인 국민파는 친북반미 성향의 주사파인 민족해방(NL·자주파) 계에 뿌리를 두고 있다. 강경노선을 걷는 중앙파와 현장파는 노동해방을 부르짖는 민중민주(PD·평등파)계를 뿌리로 삼는다. 3개 계파 중 NL계열의 국민파가 대략 55% 정도를 확보해 다수파로 분류된다. 다음으로 PD계열의 중앙파 30~35%, 현장파 10~15% 순이다. 1990년대 학생운동은 NL계 비율이 90%로 PD계 10%를 압도적으로 앞섰다. 민주노총은 최대 계파인 국민파가 장악하고 있지만 투쟁노선을 걷는 중앙파와 현장파에 휘둘려 툭하면 길거리투쟁에 나서는 형국이다. 현장파와 중앙파는 수적으로 국민파에 밀리지만 투쟁성이 강하고 목소리가 높아 조직 내 입지도 센 편이다.

민주노총 3개 정파 구도

국민파(자주파 · 중도파)	중앙파(평등파 · 중도좌파)	현장파(평등파 · 강경파)
· 대의원 55%로 최대세력	· 대의원 30~35% 차지	· 대의원 10~15% 차지
· 민족해방(NL)계열, 주사파	· 민중민주(PD)계열	· PD계열
· 대중노동운동 지향	· 현장보다 중앙서 활동	· 현장 계급투쟁 중시
· 김명환 민주노총위원장,	· 단병호 전 민노당 의원,	· 이갑용 전 민주노총위원장,
권영길 민노당대표, 이수호 전 위원장,	심상정 정의당 대표,	한상균 전 민주노총위원장
이석행 전 위원장	고 노회찬 의원	

민주노총 내 NL계와 PD계 간 갈등의 골은 아주 깊다. 국민파 쪽에선 강경노선을 유지해온 PD계 중앙파와 현장파의 운동방식에 대해 한때

"뒷골목 노동운동"이라고 비난했다. 반면 PD 쪽에선 NL계에 대해 "종북 주사파의 사교(邪敎)집단 같다"고 비아냥거리기도 했다. 어느 파가 선(善)이고 어느 파가 악(惡)인지 헷갈릴 정도다. 한 지붕 아래에서 서로 물고 뜯으면서 공존하는 게 신기할 따름이다. 국민들은 NL계인 국민파를 온건파라는 이유로 PD계인 중앙파와 현장파보다 더 합리적이라고 생각하는 경향이 있다. 하지만 PD계와 NL계 모두 협력과 상생에는 별 관심이 없다. 양계파 모두 4차 산업혁명 시대에 걸맞지 않는 투쟁노선을 고집한다는 점에서 오십보백보다.

국민파에는 김명환 현 민주노총위원장을 비롯 문성현 경제사회노동위원회(이하 경사노위) 위원장, 권영길 전 민주노동당 대표, 천영세 민주노동당 의원, 이수호 전 민주노총위원장 등이 포함된다. 중앙파에는 노동운동가 시절 '투사'로 명성을 날렸던 단병호 전 민주노동당 의원, 심상정 정의당 대표를 비롯, 고 노회찬 정의당 의원 등이 대표적 인물로 꼽힌다. 문성현 위원장은 1980년대 통일중공업 노조위원장 때 악성파업을 연례행사처럼 벌인 투쟁가다. 그는 중앙파에서 활동했지만 NL도 포용하는 통합노선을 걷겠다고 선언, 2006년 2월 실시한 민주노동당 대표선거에서 국민파의 지지를 얻어 대표에 당선되었다. 단병호, 문성현, 심상정의 투쟁력은 자타가 공인할 정도여서 노동현장에서는 3명의 투사를 한데 묶어 '단문심(단병호, 문성현, 심상정)'이라고 불렀다.

PD계의 현장파는 3개 계파 중에서 가장 강성이란 평가를 받는다. 국민파와 중앙파 지도부가 초기 학생운동가 출신들이 주도했다면 현장파는 말 그대로 현장 노동운동을 이끈 투사들을 중심으로 구성돼 있다. 학생운동가 출신들은 현장에서 이념교육을 시키면서 현장파의 투쟁전략을 도왔다. 현장파로는 2009년 쌍용차 옥쇄파업을 주도했고 2014년 첫 직선제로 위원장에 당선된 한상균 전 민주노총위원장이 대표적이다. 또한 1990년 현대중공업 노조의 골리앗투쟁을 이끌었던 이갑용 전 민주노총위원장도 현장파다. 현장파는 대화와 타협을 '노동운동의 적폐'로 여기고 투쟁을 통해서만 노동해방을 이룰 수 있다고 주장한다. 사회적 대화도 반대한다. 경사노위에 들어가 대화를 하는 것은 자본과 정부의 전략에 말려드는 행위로 간주한다.

민주노총에는 NL계인 초대 권영길 위원장 이후 PD계의 2대(이갑용)와 3대(단병호) 위원장을 거치면서 NL계와 PD계 간에 치열한 주도권 싸움이 벌어졌다. 전교조위원장 출신인 NL계의 이수호 위원장이 4대 사령탑을 맡으면서 국민파가 민주노총의 중심세력으로 떠올랐다. 11대 한상균 위원장(2015년 1월~2017년 12월)을 제외하면 4대(이수호)에서부터 12대(김명환)까지 NL계열에서 위원장을 싹쓸이 했다. 국민파가 민주노총 지도부를 맡으면서 투쟁과 실용주의노선을 함께 내세웠지만 강경파인 PD계의 투쟁노선에 떠밀려 전투적 조합주의와 완전 결별을 하지 못했다. 위원장 직선제 이후 계파 간 갈등은 많이 완화된 것으로 알려졌다. 직선제 특성상 계파 간 합종연횡이 불가피하다 보니 NL계열의 국민파와 PD계열의 중앙파, 현장파 등 3개 계파를 가로막고 있던 장벽이 다소나마 해소됐다는 관측도 있다. 하지만 민주노총의 많은 일선 조합원들은 NL이니 PD니 하는 이념과 계파에는 관심이 없다. 오직 회사가 잘돼 자신들에게 돌아올 파이가 커지기를 바랄 뿐이다.

사회적 대화에 대한 민주노총의 입장은 계파에 따라 갈린다. 2018년 10월 경사노위 참여 여부를 결정하려던 민주노총 임시정책대의원대회가 성원 미달로 무산된 것은 현장파를 중심으로 한 PD계의 비토 때문이었다. 타협과 투쟁을 운동노선으로 삼았던 NL계의 김명환 민주노총위원장은 경사노위 참여를 원했으나 PD계의 반대로 무산됐다. 일부에선 임종석 당시 비서실장, 신동호 연설비서관 등 전대협 NL출신들이 청와대에 다수 포진해 있어 민주노총 내 PD계 지도부가 계파 갈등 차원에서 사회적 대화 참여를 방해했다는 분석도 있다. 2005년에도 국민파인 이수호 위원장 집행부가 사회적 대화 참여 여부를 묻는 찬반투표를 실시하려 했으나 PD계 중앙파와 현장파 대의원들의 폭력저지로 무산된 적이 있다. 당시 대학생들과 PD계 강경파들이 폭력을 휘두르며 단상을 점거하고 시너를 뿌리는 바람에 대의원대회가 아수라장이 됐다.

하지만 현장에선 NL계와 PD계의 세력 다툼보다 강경산별노조의 입김에 의해 좌지우지되는 경우도 많다. 민주노총 대의원대회는 의무금을 납부하는 조합원 500명당 1명씩 배정되는 대의원 1300여 명으로 구성된 최고의결기구다. 가장 많은 대의원을 보유한 산별노조는 금속노조로 326명이다. 다음은 공공운수노조 266명, 보건의료노조 111명으로 이 세 곳을 합치면 703명으로 전체 대의원 중 절반을 넘는다. 여기에 강경투쟁을 벌여왔던 전교조와 전공노까지 포함하면 이들 5개 산별노조가 사실상 민주노총을 장악하고 있는 셈이다.

민주노총 출신 중 정치권 진출 국회의원 숫자를 보면 PD계가 NL계를 압도하고 있다. 현재 NL계가 지지하는 민중당 당원은 5만 5000여 명으로 PD계의 정의당 당원 5만여 명보다 다소 많지만 국회의원 수는 정의당(6명)이 민중당(1명)을 크게 앞선다. 심상정 의원과 고인이 된 노회찬 의원 등은 PD계의 중앙파가 지지하는 정의당 소속이다. 노무현 정부 시절 민주노동당은 10명의 국회의원을 배출했는데 NL계와 PD계 세력이 엇비슷했다. 하지만 2014년 통합진보당이 내란음모 혐의로 문을 닫고 김재연, 이상규, 이석기, 김미애, 오병윤 등 5명이 국회의원직을 상실한 뒤 NL계의 민중당은 그 충격에서 빠져 나오지 못하고 있다. 이정희 전 통합진보당 대표도 NL계다. 정의당과 민중당이 쪼개지기 전 통합진보당에는 PD계와 NL계가 동거했으나 지금은 완전히 분당된 상태다. NL계는 대체로 민중당을 지지하지만 민중당 지지가 사표가 된다는 심리 때문에 일부는 더불어민주당을 지지하기도 한다. 또 NL계 일부는 정의당을 지지하기도 한다. PD계는 정의당 지지세력이지만 일부는 민주당을 지원하기도 한다.

민주노총이
진보세력인가

2010년 일본을 방문했을 때 만난 렌고(連合·일본노동조합총연합회) 간부가 수구와 진보란 용어에 대해 우리나라에서 통용되는 개념과 반대되는 내용으로 설명해 무릎을 친 적이 있다. 그는 "일본 노동계에선 매년 똑같이 고율의 임금인상을 요구하는 좌파노동단체 전노련(전국노동조합연합)을 수구세력으로 부른다"고 말했다. 경제환경이 바뀌었는데도 불구, 전노련은 과거처럼 경직적이고 구시대적인 투쟁 노선을 고집하기에 '수구 딱지'가 붙었다는 설명이다. 전노련은 기업의 실적이 좋든 나쁘든, 지불능력이 있든 없든 매년 고율의 임금인상을 요구한다는 것이다. 회사를 투쟁의 대상으로 여기는 전노련을 수구라고 부르는 것은 어찌 보면 당연하다고 할 수 있다. 이에 반해 하루가 다르게 변화하는 기술혁신과 산업구조 재편 등에 맞춰 상생의 노동운동을 펼쳐온 렌고는 오히려 진보 대접(?)을 받는다고 한다. 정말 기가 막힌 비유가 아닐 수 없다.

일본의 전노련은 우리로 치면 투쟁지향적이고 유연성이 떨어지는 민주노총 같은 노동단체다. 또 렌고는 한국노총처럼 시장 친화적이며 온건한 조직이다. 렌고는 조합원이 700만 명에 달하는 일본 최대 노동단체이고 전노련은 공산당과 연계돼 있는 좌파 노동단체로 조합원은 30만 명 정도에 불과하다. 일본에는 이들 2개 노동단체 이외에 조합원 70만 명 정도인 사회당 계열의 좌파 노동단체 전노협이 있다. 일본 여야 정치권은 노동계와 달리 좌파·우파 또는 진보·보수로 구분 짓지 않고 일반적으로 여당과 야당으로 나누어 부른다고 한다.

지금 우리나라에서 진보와 수구라는 개념이 다소 혼란스럽게 해석되고 사용된다. 사실 우파와 좌파를 칼로 두부 자르듯 구분하기는 쉽지 않다. 진보라는 개념은 사전적 의미로 볼 때 변화, 발전 등의 긍정적 의미를 담고 있다. 진보 이데올로기는 사회적, 경제적 평등의 확대를 추구한다. 불평등이 점차 축소되는 사회를 추구하는 것이 진보의 가치라는 얘기다. 반면 보수는 일반적으로 국가의 정치, 경제, 사회, 문화제도의 변화를 거부하고 기존의 관습과 제도를 보존하려는 개념을 말한다. 보수주의는 1789년 프랑스혁명 발전과정에서 성립된 개념으로 알려져 있다. 혁명을 주도한 시민계급이 당시 진보주의인 자유주의 또는 민주주의 세력으로 등장한 데 반해 기존 제도와 기득권을 유지하려 했던 귀족계급이 보수주의로 인식된 것이다.

그런데 자유주의에는 보수와 진보 개념이 섞여 있다. 자유주의는 정치적으로 진보인데 반해 경제적으로 보수로 구분될 수 있다. 정치적 자유주의는 만인 평등, 종교·사상·언론의 자유, 집회와 결사의 자유 등을 포괄한다. 따라서 정치적 자유주의는 분명 진보적이다. 반면 경제적 자유주의는 보수로 분류된다. 자유로운 경제활동에 따른 사유재산의 보장과 생산수단의 사적 소유를 강조하는 자유주의는 정부에 의한 적극적인 재분배정책에 반대한다. 우리나라에서 좌파들은 자유주의를 나쁜 의미로 격하시켰다. 좌파는 신자유주의를 양극화를 심화시키는 나쁜 경제사조로 공격해 자유주의의 가치를 함께 추락시킨 측면이 있다.

문제는 우리나라에서 진보라는 용어는 좌파가 독차지하고 낡고 뒤처져 보이는 보수 또는 수구는 우파의 전유물처럼 돼버렸다는 점이다. 뭔가 잘못 분류된 것이다. 실제로 현실에서는 진보와 수구의 개념이 뒤바뀐 경우가 많다. 예컨대 민주노총은 혁신경제, 기업의 경쟁력, 일자리창출 등 미래지향적인 가치에는 소극적이면서 구시대적인 반시장, 친노동 이념투쟁에는 적극적이다. 이들은 역사박물관에나 처박아 놓을 법한 마르크스의 계급투쟁설을 아직도 신주단지 모시듯 하고 있고 노동계급과 자본계급을 대립과 착취의 관계로 바라본다. 또 노동현장에선 노동개혁을 거부하면서 탄력근로제 제한, 주 52시간 규제, 과다한 최저임금인상 요구 등 반시장적 정책을 고집한다. 이러한 조직을 진보라고 평가하는 것은 당연히 문제가 있다. 과거 관행을 답습하면서 경직된 사고를 유지하고 변화를 거부하는 민주노총은 수구세력으로 부르는 게 제격이다.

진보에 거품이 껴 있고 좌파에 독선과 무책임이 있다고 지적하는 학자들이 많다. 박효종 전 서울대 윤리교육과 교수는 2009년 열린 '한국 좌파, 과연 진보인가'란 주제의 토론회에서 "한국 좌파는 지독한 '인지부조화'(認知不調和) 현상에 직면하고 있다. 자기 자녀는 미국으로 유학 보내면서도 미국산 쇠고기나 한·미 FTA 등 미국적인 모든 것이 증오의 대상이다. 자기 자녀가 전교조 교사 밑에서 배우는 것은 꺼리면서도 전교조에 대한 지지는 강렬하다. 북한에 가서 살기는 싫어하면서도 친북주의자나 종북주의자로 처신하고 있다"고 신랄하게 비판했다. 박 교수는 이어 "1980년대의 낡은 의식에 머물러 진보하지 않는 좌파 세력, 헌법적 가치에 대한 존경심도 없고 세계사적 흐름이나 시대정신에 역행하는 좌파 세력을 진보라고 부르는 것은 우리가 소중하게 생각하고 피땀 흘리며 살아온 가치에 대한 모욕"이라고 지적했다.

이명희 공주대 역사교육과 교수도 참교육을 내세우는 전교조에 대해 "전교조는 우리 교육사를 부정하거나 폄훼하고, 헌법가치를 부정하는 등 그 행태가 수구적이고 파괴적이기 때문에 진보가 아니다. 진보라는 이름에 많은 이익과 프리미엄을 보장해 주는 상표와 같은 의미를 담고 있기 때문에 한국의 좌파들은 그런 사회적 특혜를 기대하는 측면이 있다"고 지적했다. 앞으로 경직적인 사고나 관행을 고집하며 바꾸기를 거부하는 집단에 대해선 수구세력이라고 지칭하는 것이 맞을 것이다.

시대의 흐름을 거스르며 사회의 암적인 존재로 작용하는 수구세력은 더 이상 진보가 아니다. 진보적 가치는 사회정의, 공동체, 평등, 개혁 등 사회의 변화를 추동할 수 있는 발전적 개념이지 퇴행적 개념은 아니다.

우리도 이제 진보와 보수란 단어를 행동에 걸맞게 부를 때가 온 것 같다. 예컨대 기술혁신 노동개혁을 거부하는 노동세력이라면 '수구 좌파'란 명칭이 어울릴 것 같다. 정치적으로 사회주의식 평등을 지향하지만 경제적으로는 변화를 거부하는 수구적 사고를 갖고 있으니 말이다.

정치적으로 좌파이면서 경제적으로 기존 틀을 깨는 개혁적 시장경제를 중시한다면 노무현 전 대통령이 표현했던 것처럼 '좌파 신자유주의자'로 부르는 게 적절할 것 같다. '진보 좌파'로 표현해도 무방할 것이다. 또 정치적으로 차별을 인정하는 자유민주주의를, 경제적으로는 복지보다 혁신성장을 중시하는 세력에 대해선 '진보 우파'라는 딱지를 붙여주는 게 맞다.

1970년대 중국의 덩샤오핑(鄧小平)은 "검은 고양이든 흰 고양이든 쥐만 잘 잡으면 된다"는 흑묘백묘(黑猫白猫)론을 주장하며 중국의 경제발전을 이끌었다. 덩샤오핑의 흑묘백묘론은 진보든 보수든, 자본주의든 공산주의든 상관없이 중국 인민을 잘살게 하면 그것이 최고의 가치라는 의미를 뜻하는 말이다. 그래서일까, 중국에서 변화를 거부하고 평등을 중시하는 공산주의는 수구 취급을 받는다고 한다. 그렇다면 정치적 이념은 공산주의이면서 시장경제를 꽃피웠던 덩샤오핑은 진보주의자인가, 보수주의자인가. 공산주의자이지만 분배보다 혁신경제, 시장개혁을 더 강조했기 때문에 '진보 좌파'로 부르는 게 맞을 듯하다.

민주노총
제1노총 등극

    민주노총이 조합원 수에서 한국노총을 제치고 국내 제1노총의 지위에 올랐다. 민주노총이 1995년 창립된 지 23년 만이다. 반면 한국노총은 해방 이후 70년간 누려온 국내 상급노동단체 대표 자리를 빼앗기게 됐다. 고용노동부에 따르면 민주노총의 조합원 수는 2018년 말 기준 96만 8035명으로 한국노총(93만 2991명)보다 3만 5044명 많은 것으로 나타났다. 민주노총은 문재인 정부 출범 이후 조합원이 31만여 명이나 급증하며 제1노총 자리를 차지한 것이다. 한국노총도 9만여 명 증가했지만 민주노총의 추격을 따돌리기엔 역부족이었다.

    민주노총의 조합원 수가 크게 늘어난 것은 문재인 정부의 친노동 정책이 큰 원동력이 됐다. 특히 공공부문의 비정규직 제로(0) 정책으로 인해 비정규직 노조가 정규직으로 전환되는 과정에서 대거 민주노총에 가입했다. 법외노조였던 전국 공무원 노조 9만여 명도 2018년 3월 해직자를

양대노총 조합원 수 추이

(단위:연도, 명)

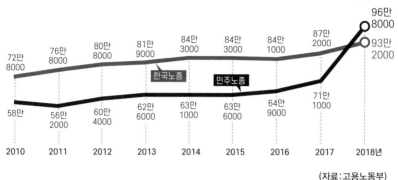

(자료:고용노동부)

조합원에서 제외하면서 합법화돼 정부 공식 통계에 포함됐다.

민주노총 조합원 수는 2016년까지만 해도 70만 명에 훨씬 못 미치는 64만 9327명이었으나 문재인 정부 첫해인 2017년 71만 1143명으로 뛴 데 이어 1년 만에 또다시 36%나 급증했다. 법외노조로 정부 통계에서 제외된 전국교직원노동조합(전교조) 5만 명까지 합법화되면 민주노총의 '권력자원'은 더욱 늘어나게 된다. 기술진보에 따른 산업구조 재편과 치열해진 글로벌경제전쟁 등에 영향을 받아 선진국에선 하락추세를 보이고 있는 노동조합조직률이 국내에서만 급증하는 기현상을 보이는 것이다.

노동계의 무게 중심이 민주노총으로 옮겨지면서 국내 노동시장의 지각변동은 물론이고 정부가 추진하는 각종 노동정책에 민주노총의 입김이 더 세질 전망이다. 민주노총은 벌써부터 제1노총에 걸맞은 대우를 해달라며 정부 내 위원회 위원수 조정 등을 요구하고 나섰다. 민주노총이 직접 참여하고 있는 정부위원회는 50여 개에 달하는 것으로 알려졌다.

민주노총을 중심으로 노조가입이 급증하면서 노동조합에 가입한 조합원 수는 2018년 말 233만 1000명으로 전년에 비해 11.6% 증가하며 사상최대치를 기록했다. 국내 노동조합 조직률도 전년보다 1.1%포인트 증가한 11.8%를 기록했다. 노조조직률은 2002년(11.6%) 이후 16년 만에 가장 높은 수치다. 노조조직률은 군사정권이 끝난 뒤 노동계의 욕구가 분출하던 1989년 19.8%로 정점을 찍은 뒤 서서히 하락해 2010년에는 9.8%까지 떨어졌었다. 2020년 정부가 추진하는 국제노동기구(ILO) 핵심 협약을 비준하게 되면 노조조직률은 급속히 늘어날 전망이다. ILO 핵심 협약은 소방관 등의 공무원과 해고자에게도 노조설립과 가입의 자유를 전면 허용하고 있다.

상급단체별 조직비중을 보면 2018년 말 민주노총 41.5%, 한국노총 40.0%, 공공노총 1.5%, 전국노총 0.9% 순이다. 상급단체에 소속되지 않은 노동조합(미가맹)은 16.1%(37만 4000명)로 전년의 21.4%(44만 6612명)보다 5.3%포인트나 줄어들었다. 이는 미가맹노조들이 강경노선을 걷는 민주노총 등 상급노동단체의 우산 속으로 이동했음을 보여주는 수치다. 상급단체의 경우 2015년에만 해도 한국노총 조합원의 비중이 43.5%로 민주노총 32.8%에 비해 10.7%포인트나 많았으나 민주노총 조합원이 불어나면서 민주노총이 제1노총 자리에 오른 것이다.

노동운동 양극화 심화

대기업 노동자들은 귀족노조라는 비판을 많이 받는다. 고임금을 받으면서 더 많은 파이를 챙기기 위해 툭하면 집단행동을 벌이는데 대해 국민들의 부정적 시각이 반영된 때문이다. 이들은 어느 정도의 수익이 보장되는 자동차, 조선, 철강, 방송, 통신, 은행업 등 독과점산업에 주로 몸담고 있다. 또한 국민 세금을 재원으로 운영되고 있는 철도, 지하철, 건보공단, 공무원, 전교조 등 공공기관 노동자들 역시 자신들의 요구가 받아들여지지 않을 경우 집단행동을 동원하긴 마찬가지다. 이들 기업은 노조의 교섭력에 따라 근로조건이 크게 달라질 수 있는 업종들이어서 노동조합의 '제 밥그릇 챙기기' 투쟁의 타깃이 되고 있다.

반면 기업 규모가 작은 중소기업에서는 노동조합을 결성하기가 여의치 않다. 노조가 결성돼 임금인상, 고용안정, 성과급 등을 요구해봤자 지불능력이 안 되는 중소기업들은 별로 내놓을 게 없기 때문이다. 노동분배율을 높이겠다고 노조를 결성해 파업을 벌여 봤자 중소기업 사용자들은 "배 째라"를 외칠 수밖에 없다. 대부분의 중소기업 노동자들이 노조 만들기를 포기하는 이유다. 결국 노동운동도 나눠 먹을 게 있는 기업에서나 가능한 것이다. 이러다 보니 대기업과 공기업의 노조조직률은 높고 중소기업의 조직률은 낮은, 노동운동의 양극화 현상이 심화되고 있다.

고용노동부의 규모별 노조조직률 자료에서도 이러한 현상을 엿볼 수 있다. 2018년 기준으로 볼 때 300인 이상 대기업의 노조조직률은 50.6%에 달하는 반면 100~299명은 10.8%, 30~99명은 2.2%, 30인 미만 기업의 조직률은 0.1%에 불과하다. 300인 이상 대기업 근로자는 절반 이상이 노조에 가입한 반면 30인 미만은 1000명당 1명꼴로 노조에 가입해 있다. 기업 규모가 작으면 작을수록 노조 결성이 어렵다는 점을 보여주는 수치다.

사업체 규모별 조합원 비율   2018년 12월

	300인 이상	100~299인	30~99인	30인 미만
비율	50.6%	10.8%	2.2%	0.1%
조합원 수	126만 1634명	21만 6781명	8만 7500명	1만 2846명

(자료:고용노동부)

노동조합 규모별 조합원 수에서도 노조의 양극화 현상을 확인할 수 있다. 조합원 수 300인 이상 노조는 전체 노조 수의 13.7%(793개)에 불과하지만 조합원 수 기준으로는 87.5%(204만 297명)나 차지했다. 반면 조합원 수 100명 미만 노조는 전체의 68.0%에 달하지만 조합원 수 기준으로는 5.0%(11만 5442명)에 그쳤다. 300인 이상인 노조는 숫자가 많지 않지만 90% 가까운 노조원이 몰려 있는 것이다.

부문별 노조조직률을 보면 공공부문에 노동권력 자원이 몰려 있음을 실감할 수 있다. 공공부문의 조직률은 68.4%로 민간부문 9.7%에 비해 7배나 높은 비율을 보이고 있다. 우리나라 전체 노조조직률(11.8%)에 비교해 엄청나게 높은 수준이다. 이는 공기업이 민간기업에 비해 노동운동하기가 훨씬 용이하다는 반증이다.

하지만 공기업과 마찬가지로 국민 세금으로 운영되는 교직원들의 노조조직률은 상대적으로 낮은 편이다. 교원부문은 2007년 24.3%에서 2015년 14.6%까지 떨어졌다. 2017년에는 1.5%까지 급감했다. 전교조

는 법외노조여서 2016년 이후 정부의 공식통계에 잡히지 않고 있어 교원 조직률이 뚝 떨어진 것이다. 전교조의 현재 조직률은 2015년도 조직률을 감안해 유추해볼 수 있다. 전교조 조직률이 공기업보다 낮은 것은 교사들의 근로조건이 많이 향상돼 노조를 통한 노동환경개선의 필요성이 줄어든 데다 정치성향을 띤 전교조 노선에 대한 일선 교사들의 부담감도 영향을 미친 것으로 해석된다.

투쟁력은 세계최강

민주노총의 투쟁력은 세계 최강이다. 어느 나라에서도 찾아보기 힘든 분신자살과 고공농성, 폭력을 동원한 불법파업 등 거친 투쟁을 통해 정부와 사용자를 압박하며 노동권력을 키워왔다. 파업 관련 지표를 보면 우리나라 노동운동이 얼마나 갈등적이고 투쟁적인지를 알 수 있다.

고용노동부에 따르면 전체 임금근로자 수는 2005만 명(2018년 8월)이고 이 중 민주노총을 상급단체로 조직한 노동자가 4.8%로 한국노총(4.6%)을 근소하게 앞서고 있다. 이 중 실제 파업에 참여하는 노동자는 13만 명(0.6% · 2017년 말)으로 전체 근로자의 1%에도 미치지 못하고 있다. 집단행동을 통해 목소리를 높이는 노동자는 1000명 중 6명에 불과한 셈이다. 이 중 80% 이상이 투쟁노선을 걷는 민주노총 소속인 것으로 추산된다. 결국 근로자 100명 중 5명꼴로 민주노총의 우산 속으로 들어가 사용자에 무언의 압력을 가하고 있으며 이들 중 소수가 실력행사에 나서고 있는 것이다. 나머지 근로자들은 자기 업무에 충실할 뿐이다. '시끄러운 소수'(noisy minority)가 '조용한 다수'(silent majority)를 압도하면서 노동현장을 뒤흔드는 꼴이다.

민주노총의 전투적 조합주의에 영향을 받은 탓에 우리나라 노사관련 지표는 선진국에 비해 훨씬 투쟁적이다. 한국노동연구원 자료에 따르면 우리나라 노조조직률은 다른 선진국에 비해 낮은 편이지만 파업건수, 근로손실일수 등은 비교적 많은 편이다. 2017년 우리나라의 파업건수는 101건으로 호주(259건)의 절반에도 못 미치지만 영국(79건), 일본(38건), 미국(7건)보다는 많다. 파업건수만 볼 때는 우리나라 노조의 투쟁성은 그다지 강경하다고 볼 수 없다. 하지만 파업으로 인해 파생되는 근로손실일수를 따져보면 얘기는 달라진다. 한국은 파업으로 인한 근로손실일수가 2017년 기준 86만 2000일에 달한다. 이는 일본 1만 5000일에 비해 무려 57배 이상 많고 영국(27만 6000일)의 3배, 미국(44만 일)의 2배에 육박한다. 또한 파업건수가 우리나라보다 2배 이상 많은 호주(12만 2000일)에 비해서도 근로손실일수는 7배나 많다. 그만큼 우리나라의 파업이 악성이라는 얘기다.

한국자동차산업협회가 2019년 10월 발표한 '자동차 선진국과의 노사관계 비교평가' 자료는 충격적이다. 최근 10년간 세계 주요 자동차생산업체들의 파업일수를 보면 한국의 현대 · 기아차가 171일로 가장 많았다. 같은 기간 독일의 폭스바겐은 단지 2시간에 불과했고 일본의 도요타는 0시간으로 아예 없었다. 한국 노동조합의 전투력이 얼마나 강한지를

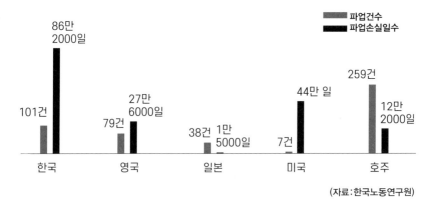

2017년 주요국 파업건수 비교

파업건수
파업손실일수

86만
2000일

27만
6000일

44만 일

259건

101건

79건

38건 1만
5000일

7건

12만
2000일

한국　　　영국　　　일본　　　미국　　　호주

(자료:한국노동연구원)

실감할 수 있는 수치다. 우리나라 노동운동은 세계 노동운동가들 사이에
서도 투쟁성향이 강하기로 정평이 나 있다. 이수호 전 민주노총위원장은
위원장 시절 "선진국 노동운동가들을 만나면 에너지 넘치고 투쟁적인 한
국의 노동운동을 무척 부러워한다"고 말했을 정도다.

　민주노총이 전투적 조합주의 노선을 걸으면서 우리나라의 노사관계는
매년 세계 꼴찌를 맴돌고 있다. 세계경제포럼(WEF)이 2019년도 141개국
의 노사관계협력 수준을 평가한 결과, 한국은 130위를 차지했다. 전년의
124위보다 세 단계나 하락했다. 우리나라 노사관계가 최악의 수준이 아
니라면 오히려 그게 이상하다.

양대노총 격전장
된 일터

일반 근로자들은 노동조합원이 되는 순간 노조의 권력자원으로 바뀐다. 권력자원이 많이 모이면 모일수록 노동조합은 기업들에 거대 권력으로 작용한다. 국내 노동운동을 양분해온 민주노총과 한국노총은 권력자원을 끌어들이기에 혈안이 돼 있다. 권력자원을 한 사람이라도 더 확보해야 조직의 파워가 세지고 노동판에서 대우를 받는다.

민주노총이 창립 23년 만에 처음으로 한국노총을 제치고 제1노총 자리를 차지함으로써 양대노총 간 권력자원 다툼은 피할 수 없는 숙명이 됐다. 민주노총은 노동이 존중받는 사회를 만들겠다는 문재인 정부의 친노동 정책에 힘입어 엄청난 권력자원을 끌어모으는 데 성공했다. 문재인 정부 2년 동안 조합원이 31만여 명이 급증하며 9만 명 증가에 그친 한국노총을 조합원 수에서 완전히 앞섰다. 해방 이후 70년간 줄곧 한국노동계를 대표해오던 한국노총에는 커다란 충격이 아닐 수 없다.

한국노총은 민주노총에 빼앗긴 1위 자리를 탈환하기 위해 조직의 사활을 걸고 조합원 확대 경쟁에 나서고 있다. 하지만 그간 촛불시위를 비롯해 각종 시위에 민주노총과 공동투쟁을 벌여왔던 좌파 세력들이 행정부 지방자치단체 등을 장악하면서 민주노총의 조직 확대는 더욱 급물살을 타고 있는 형국이다.

양대노총 간 세력 다툼은 노동현장 곳곳에서 목격되고 있다. 2019년 12월 경남 양산시 아파트 공사장에서는 타워크레인이 멈춰서는 바람에 공사가 중단되는 사태까지 벌어졌다. 민주노총 조합원들의 거듭된 횡포를 견디다 못해 한국노총 조합원들이 타워크레인 점거 농성에 들어간 것이다. 전국 건설현장에서 벌어지는 양대노총 간의 도를 넘어선 세력 다툼은 기업들의 큰 피해로 이어지고 있다. 노사관계가 안정돼 있던 기업 입장에선 '아닌 밤중에 홍두깨'라고, 황당한 상황을 맞고 있는 것이다.

양대노총은 공기업의 정규직 전환자, 무노조 대기업, 중견 IT기업 등을 주요 노조설립 대상으로 삼고 있다. 민주노총은 공공기관에서 정규직이 됐거나 전환을 앞두고 있는 비정규직들을 대거 끌어들인 상태이다. 노조 불모지였던 IT업계도 민주노총 깃발이 잇따라 꽂히고 있다.

네이버를 비롯 넥슨과 스마일게이트, 카카오 등 판교의 주요 IT기업들이 민주노총 밑으로 들어갔다. 직종 특성상 회사에 대한 충성도가 낮고 이직도 잦아 노조의 필요성을 상대적으로 못 느껴 왔던 기업들이다. 이런 곳에 민주노총 지원을 받은 새로운 노조가 뿌리를 내린 것이다. 노조의 힘은 셌다. 네이버와 카카오, 넥슨, 스마일게이트가 모두 노사 합의 아래 노사 간 쟁점인 포괄임금제를 폐지했다.

한국노총은 민주노총이 오랫동안 군침(?)을 흘려온 무노조기업 삼성전자에 먼저 노조깃발을 꽂았다. 삼성전자에는 2019년 11월 한국노총을 상급단체로 둔 노조가 설립돼 공식출범했다. 조합원 500여 명 규모다. 삼성 창업주 이병철 전 회장의 무노조경영 원칙이 3대인 이재용 삼성전자 부회장 대에서 깨진 것이다. 민주노총은 삼성전자에 대한 노조설립 의지를 포기하지 않고 있어 복수노조가 설립될 가능성도 배제할 수 없다. 삼성전자는 노조가 활성화되는 것을 원하지 않겠지만 자칫 노조파괴범으로 몰릴 수 있어 대놓고 반대를 못하는 분위기이다. 삼성전자서비스는 문재인 정부의 친노동 정책에 부담을 느껴서인지 2018년 4월 협력업체 직원들을 직접 고용한데 이어 이들의 노조활동도 합법적으로 보장하고 있다. 삼성전자서비스에는 2019년 1월 1000여 명 규모의 민주노총 노조가 들어선 상태다.

50년간 사실상 무노조경영을 유지해왔던 포스코에는 양대노총의 깃발이 모두 꽂힌 상태다. 이 회사에는 2018년 한국노총이 6500명에 달하는 다수 노조를 설립한데 이어 민주노총 소속도 노조원 3000여 명의 제2노조가 만들어져 조직 확대 경쟁을 벌이고 있다. 회사는 조용하던 일터가 하루아침에 양대노총의 조합원 쟁탈 무대로 바뀌자 노무관리에 애를 먹고 있다.

포스코와 삼성전자의 경우 그동안 각각 노경협의회와 노사협의회를 통해 무분규로 임단협을 타결해왔는데 이제 노조가 설립된 이상 안심을 못하게 됐다. 이들 기업의 핵심 생산시설에서 파업이 벌어진다면 막대한 수출 차질이 불가피하다. 투쟁노선을 걷는 민주노총 소속으로 노조가 설립된 기업에서는 외부세력 개입으로 노사관계가 악화되지 않을까 우려하고 있다.

양대노총에 속하지 않는 기업노조에 민주노총 출신이 위원장을 맡으면서 운동노선이 확 바뀐 경우도 있다. 르노삼성자동차가 바로 그 사례다. 이 회사에는 온건노선을 걷는 기업노조가 있다. 그런데 민주노총 금속노조 르노삼성차 지회 설립을 주도했던 박종규 씨가 2017년 기업노조 노조위원장으로 선출되면서 분위기가 달라진 것이다. 이 노조는 상급단체를 민주노총으로 바꾸지 않았지만 툭하면 파업을 벌여 생산차질을 빚고 있다. 싸움꾼이 착한 친구들에게 싸우는 방법을 지도한 셈이다.

양대노총의 노조설립 확대전략은 문재인 정권과 지자체의 노조 친화적 정책과 맞물려 탄력을 받고 있다. 서울시는 2019년 10월 중순부터 민주노총과 공동으로 노조설립을 유도하는 포스터를 뿌려 논란을 빚었다. 이 포스터에는 '나의 삶을 바꾸는 가장 빠른 길, 노동조합입니다. 고용 안정부터 일터에서의 안전까지 노동조합이 지켜주고 막아줍니다'는 문구를 삽입해 노조가입을 부추겼다. 서울시가 '노동 존중 문화를 홍보한다'는 명목으로 하루 평균 700만 명이 이용하는 서울시 지하철에 민주노총 가입을 독려하는 포스터를 붙인 것이다.

고용노동부는 '국제노동기구(ILO) 핵심협약 비준, 노동 존중사회로 가는 첫걸음입니다'라는 홍보물을 서울시내 곳곳에 게시, 시민들에게 노동

친화적인 분위기를 조성하고 있다. 정부는 ILO 핵심협약 비준을 위한 법률개정을 통해 '노조할 권리'를 확대할 방침이어서 노조가입은 더욱 늘어날 전망이다. 이 협약은 해고자·실업자의 노조가입 허용, 전교조 합법화, 5급 이상 공무원의 단결권 확대 등 '일하기 좋은 나라'보다는 '노조하기 좋은 나라'에 초점을 맞추고 있다. '노조하기 좋은 나라' 만들려다가 경제 망치고 기업정신 훼손하고, 그래서 일자리를 날려 보내는 건 아닌지, 걱정이 앞선다.

퇴조하는 세계 노동운동

우리나라에서 노동권력이 위세를 떨치는 것과는 달리, 선진국에서는 노동운동의 퇴조현상이 뚜렷하다. 세계 각국의 노동조합들은 과거 최대 진보세력으로 군림하며 과도한 임금인상과 복지 정책을 요구해 왔으나 기술진보에 따른 산업구조 재편이 확대되고 글로벌 경제전쟁이 치열해지면서 갈수록 힘이 약해지고 있다. 노동운동이 필요한지에 대해 근본적인 의문을 제기하는 노동자들도 적지않다. 노동운동도 변하지 않으면 살아남기 힘든 시대가 됐다. "노동운동의 종말이 다가오는 것 아니냐"는 예측까지 나오고 있다. 매년 추락하고 있는 선진국들의 노동조합조직률은 이 같은 전망에 설득력을 더해 준다.

1980년대까지만 해도 35%를 웃돌던 독일의 노조조직률은 2016년 17%로 반토막이 났다. 동서독 통일 이후 '독일병'을 고치기 위해 케인스주의 정책을 버리고 신자유주의 정책을 택하면서 노동운동도 덩달아 약화했다. 유럽 국가 중 노조에 가장 먼저 개혁의 칼을 들이댄 영국 역시 노동운동의 쇠락현상은 뚜렷하다. 노조를 '힘을 남용하는 무책임한 독점집단'으로 규정한 마거릿 대처 총리는 1980년대 노조 무력화 정책을 펼쳤고 이에 영향을 받아 영국의 노조조직률은 1980년 56.3%를 정점으로 계속 내리막길을 걸어 2016년에는 23.5%까지 내려앉았다.

주요국 노조조직률 추이

	역대최고치		2016년
영국	56.3%(1980년)	⟶	23.5%
미국	22.7%(1980년)	⟶	10.3%
호주	45.1%(1985년)	⟶	14.5%
프랑스	16.0%(1980년)	⟶	7.9%(2014년)
한국	19.8%(1989년)	⟶	10.3%
일본	35.1%(1975년)	⟶	17.1%

(자료:한국노동연구원, 한경좋은일터연구소)

시장을 가장 신봉하는 나라, 미국은 1980년대까지만 해도 20%를 넘던 노조조직률이 2016년 10.3%로 절반 수준으로 떨어졌다. 미국에선 각 주마다 노동운동을 억제하는 '일할 권리법'(right to work act)을 도입하고 있는 데다 사용자에게 반노조캠페인까지 허용하고 있어 노동운동은 갈수록 약화될 전망이다. 노사갈등이 극심하기로 이름난 프랑스의 노동운동 역시 힘을 잃긴 마찬가지다. 지난 1980년대 중반 16%였던 노조조직률은 1990년대 중반 11%까지 떨어졌고 2014년엔 7.9%를 기록했다. 프랑스에는 강성노조인 노동총연맹(CGT), 노동자의 힘(FO)과 온건노선을 걷는 민주노총(CFDT), 기독교노총(CFTC), 직제관리총동맹(CFC-CGC) 등 5개 상급노동단체가 노동계를 분할하며 주도권 싸움을 벌여 왔지만 최근 투쟁동력을 급속히 잃어가고 있는 모습이다.

노동운동이 활성화돼 있는 호주 역시 쇠락의 길을 면치 못했다. 1986년 45.1%에 달했던 노조조직률이 2016년 14.5%로 30년 사이에 3분의 1 토막이 났다. 선진국 중 최고의 협력적 노사관계를 자랑하는 일본의 경우 춘투가 한창 극성을 부리던 1970년 35.1%에 달했던 노조조직률이 1990년 25.2%로 뚝 떨어진 뒤 2016년에는 17.1%까지 추락했다. 직장에 다니는 모든 근로자가 노동운동을 한다는 말을 듣는 스웨덴에서도 노동권력 자원의 이탈현상이 나타나고 있다. 1998년 82.3%에 달했던 스웨덴의 노조조직률은 2015년 66.8%로 13%포인트나 떨어진 상태다.

노조조직률 하락은 노동자들의 투쟁동력을 약화시키며 노사분규 건수 감소로 이어지고 있다. 영국의 경우 노동조합의 파워가 막강했던 1970년대에는 노사분규 발생건수가 3000건을 넘었으나 1980년대 대처의 노조 무력화 정책으로 노조의 힘이 한풀 꺾이면서 1000건대 수준으로 떨어졌다. 여기에 세계경제의 글로벌화로 기업의 인적자원관리 강화, 산업구조 재편 등에 영향을 받아 노동운동이 갈수록 약화돼 2000년에는 분규 건수가 226건으로 감소하더니 2016년에는 101건까지 떨어졌다.

노동조합 조직률이 높지만 비교적 합리적 노동운동이 정착된 스웨덴에선 파업을 구경하기 힘들 정도다. 이 나라에선 1980년대에만 해도 분규 건수가 매년 100건을 웃돌곤 했으나 1990년대 들어서면서 30~40건 밑으로 떨어진 뒤 2013년에는 11건까지 감소했다. '쉬운 해고'가 가능한 미국은 1970년대에만 해도 한해 분규 건수가 300~400건에 달했으나 1980년대 후반 이후 노사관계가 급격히 안정되면서 분규 건수가 50건 아래로 뚝 떨어졌다. 지난 2016년에는 7건을 기록할 정도로 거의 무분규 상태이다. 일본의 경우 춘투가 한창이던 1970년대에는 한해 3000건이 넘는 노사분규로 기업들이 몸살을 앓았지만 1990년대 들어 100건대로 안정세를 보이다가 2000년대 들어서 100건 밑으로 뚝 떨어졌다. 2016년에는 31건을 기록할 정도로 노사갈등이 자취를 감추고 있다.

세계 초우량기업들은
왜 무노조인가

　　　　　　　　　　　세계적 초우량기업들의 상당수가 무
노조경영을 택하고 있다. 구글, 아마존, 애플, 페이스북, 월마트, 마이크
로소프트, IBM, 모토로라, 휴렛팩커드 등 세계적 기업들은 노조 없는 경
영을 통해 최고의 실적과 최고의 대우를 실천하고 있다. 이들 중 상당수
는 '포천(Fortune)'이 매년 선정하는 '세계에서 가장 존경받는 기업 톱10'에
여러 차례 오르는 초우량기업들이다. 일본의 알프스전기, 주조킴벌리 등
도 무노조경영을 통해 직원에게 '행복한 회사'를 약속하고 있다. 이익이
나는 곳이라면 세계 어디든 달려가는 세계 초우량기업들은 무노조경영
을 통해 노동권력의 걸림돌을 제거함으로써 남보다 한발 앞서가는 경영
혁신을 구현해가고 있다. 이들은 노조가 있으면 무의미한 비용이 발생한
다고 생각한다. 또한 노동운동은 끈질긴 승부근성과 성과주의, 엘리트주
의 등 승리문화(winning culture)와 어울리지 않는다고 여긴다.

노조는 집단행동을 통해 임금을 높이려고 한다. 하지만 임금총액을 높이려면 회사의 생산성이 높아져야 하고 파이가 커져야 가능하다. 결국 회사의 성과를 높여 총보수를 높이려면 혁신경영이 필요한데 이는 CEO의 몫이다. 미국 초일류기업 노동자들이 노조를 원치 않는 것도 이같은 이유 때문이다.

한국에서도 무노조경영을 통해 세계 초우량기업 대열에 낀 기업이 있다. 바로 삼성전자이다. 하지만 '노동 존중사회'를 기치로 내건 문재인 정부 아래에서 삼성은 무노조경영을 포기해야 했다. 버티기 쉽지 않았기 때문이다. 삼성 창업주인 고 이병철 회장은 생전에 "내 눈에 흙이 들어오기 전에는 노조를 용납할 수 없다"며 무노조경영을 실천했다. 이에 대해 단병호 전 민노당 국회의원은 "'내 눈에 흙이 들어가기 전에는 삼성의 무노조 정책을 용납할 수 없다'는 각오로 삼성의 노동정책을 주시하겠다"며 맞받아쳤다. 삼성이 무노조경영 방침을 포기할 때까지 삼성 저격수의 소임을 다하겠다는 얘기이다.

삼성은 무노조(non-union)를 비노조(union-free)라고 불렀다. 이는 노조 자체를 경영의 적으로 규정하는 반노조(anti-union)와 구별된다. 노동단체들은 틈만 나면 '부자기업' 삼성이 헌법에 명시된 노동기본권을 외면하고 있다는 점을 들먹이며 삼성의 비노조경영을 공격해왔다. 민주노총의 끝없는 노조설립 시도에 삼성전자에도 2019년 노조의 깃발이 꽂혔다. 민주노총 소속은 아니지만 한국노총을 상급단체로 하는 노조가 설립되면서 삼성의 무노조 신화는 깨졌다.

삼성은 그동안 왜 무노조경영을 선택했나. 세계초우량기업들과 마찬가지로 노조의 존재가 경영활동에 걸림돌로 작용한다고 판단했기 때문이다. 더구나 노사갈등이 심해 노사관계경쟁력이 세계 꼴찌를 맴도는 한국의 노동현실에서 노조는 골칫덩어리 취급을 받을 수밖에 없다. 투쟁 노선을 걷는 민주노총 노조가 들어서면 경영진은 바짝 긴장한다. 막무가내식 투쟁으로 인해 회사가 거덜나지나 않을까 하는 우려에서다. 노조가 만들어지는 순간 회사를 처분하겠다는 중소기업 CEO들도 많다. 가뜩이나 회사가 어려운데 노조까지 생기면 경영난이 악화될 수 있다고 보기 때문이다.

한국에는 노조가 불법파업을 정당화하려는 문화가 만연해 있다. 특히 '민주화운동' 같은 이름이 붙으면 불법을 저질러도 괜찮다는 인식이 저변에 깔려 있다. 정부와 사용자의 온정적 노사관까지 합해져 우리나라의 노동운동은 많이 왜곡되어 왔다. 이런 사회 분위기에서 합리적인 노사관계 정착을 기대하기는 쉽지 않다. 여기에 완장문화까지 노사관계에 악영향을 미친다. 평상시에는 일을 잘하던 노동자가 노조 간부로 신분이 상승(?)되는 순간, 목에 힘이 들어가고 회사의 명령체계도 제대로 먹히지 않는다. 이러다 보니 CEO들은 '눈에 흙이 들어와도' 노조설립을 막으려고 한다.

기업 CEO들의 이념은 자유주의이다. 자유로운 재산권 행사와 자율적인 기업 경영활동, 그리고 정부 개입 최소화를 통해 이윤극대화를 추구하려 한다. 하지만 노조가 결성되는 순간 노동자의 집단적 힘을 통한 경영개입이 시작된다. 과다한 임금인상, 인사·경영권 등 노조의 입김이 미치는 개입의 범주는 넓다. 노조의 이념은 평등주의를 구현하고자 하는 사회민주주의여서 경영층의 자유주의와 자주 충돌한다. 많은 CEO들이 무노조경영을 원하는 배경이다.

삼성은 이러한 우려 때문에 대립과 갈등보다 화합과 상생을 기반으로 하는 무노조의 '인간존중' 경영을 실천해 왔다. 문재인 정부에서 강조하는 '노동 존중'(혹은 '노조 존중')의 경영이 필요치 않도록 국내 최고의 대우를 해주었다. 고충처리나 노무관리도 노조가 있는 국내 다른 어떤 대기업보다도 말끔하게 처리해왔다. 삼성이 매년 대학졸업생들이 가장 입사하고 싶어하는 기업으로 선정돼온 것도 이같은 이유에서다. 그럼에도 삼성은 문재인 정부로부터 노조파괴범으로 몰렸다. 무노조경영이 괘씸죄에 걸린 것이다. '일하기 좋은 일터'보다 '노조하기 좋은 일터'를 더 높은 가치로 삼는 문재인 정부에 무노조는 눈엣가시였을 것이다.

삼성전자 이상훈 이사회의장 등이 노조와해공작에 개입한 혐의로 2019년 12월 법원으로부터 징역 1년 6개월을 선고받고 법정구속됐다. 삼성그룹과 계열사 전현직 임직원 32명 중 26명이 유죄를 선고받았고 이 중 7명이 법정구속됐다. 무노조경영을 유지하려다가 이렇게 많은 대기업 임원이 실형을 선고받은 사례는 세계적으로 유례를 찾기 어렵다. '노조 존중사회'에서 일어난 '기울어진 판결'이라는 비판에서 자유로울 수 없을 것이다. 노조의 '기업파괴'를 줄일 안전장치 없이 기업의 노무관리에 대해서만 '노조파괴' 혐의를 씌운다면 기업들의 경쟁력은 약해질 수밖에 없다. 삼성이 문재인 정권의 거대한 '규제 장벽'을 어떻게 헤쳐 나갈지 주목된다.

현대판 음서제,
고용 대물림

        공기업의 주인은 사실상 노동조합이다. 공기업 경영을 책임지는 이사장(또는 사장)을 비롯한 임원들은 정치권이나 관료사회에서 낙하산을 타고 내려오는 경우가 많은데 대부분 임기를 채우면 떠나기 때문에 노조는 '터줏대감'으로서 막강한 영향력을 행사한다. 공기업 이사장들은 어차피 임기 3년을 때우고 갈 몸이라고 생각해서인지 웬만하면 노조와의 충돌을 피하려 한다. 사실 싸워 봐야 득될 게 없다고 생각한다. 오히려 잃을 게 많다. 노조와 갈등을 빚는 순간 그 CEO는 노사관계도 제대로 해결하지 못하는 관리자로 낙인찍힐 수 있다. 전문성과 리더십을 바탕으로 공기업을 발전시키는 유능한 CEO들도 많지만 적당히 눈치 보면서 임기를 채우는 CEO들도 적지 않다.

        대부분 공기업에는 노조가 설립돼 있다. 노조가 있으면 임금인상과 고용안정 등을 협의하는 노사협상 때 유리한 위치를 차지할 수 있다. 국민 세금으로 운영되는 주인 없는 회사여서 경영진이 노조설립을 방해하거나 견제하는 경우는 없다. 노동자 입장에선 노조를 결성하지 않을 이유가 별로 없다. 우리나라 공무원의 노조조직률(67.7%· 2017년 말 기준)이 민간부문(9.5%)보다 훨씬 높은 배경이다.

노조가 주인행세를 하다 보니 법망을 피해가려는 도덕적 해이 등이 나타나고 있다. 민주노총 산하 한국가스기술공사 노조는 2018년 4월 노사협의회에서 노조원의 음주운전 징계 조치를 완화해 달라고 요구했다. 음주운전으로 적발된 직원이 감봉과 함께 지방전보 조치를 받았는데 이 조치가 부당하다는 얘기다. 노조원의 일탈행위로 인해 징계를 당한 것을 노조에서 경감해 달라는 모습은 민간기업에서 도저히 찾아보기 어려운 일이다. 회사 측은 노조의 요구를 수용하지 않았지만 공기업 내에서 노조권력이 어느 정도 막강한지를 가늠해 볼 수 있는 대목이다.

공기업 노조는 고용세습 개입 의혹도 받고 있다. 서울교통공사 등 5개 공공기관의 정규직 전환자 총 3048명 중 333명(11%)이 재직자와 4촌 이내 친인척 관계인 것으로 드러났다. 2019년 9월 공개된 감사원 감사 결과에 따르면 서울시 산하 서울교통공사는 정규직 전환자 1285명 중 192명(14.9%)이 재직자의 친인척이었다. 전직·퇴직자까지 포함하면 19%에 이른다. 고용세습 의혹이 사실로 확인된 것이다. 고용세습에는 백태가 속출했다. 공사는 친인척 45명을 간단한 면접만 거친 뒤 비정규직 근로자로 채용했고 이들 모두 정규직으로 전환했다. 친형이 평가위원으로 참가한 공공기관 면접에서 기간제 근로자로 뽑힌 1년 뒤에 슬그머니 정규직으로 갈아탄 사례도 있다. 계약직 1012명을 합격률 93%의 변별력 없는 시험을 거쳐 7급 정규직으로 승진시켜 주기도 했다.

고용세습 의혹이 불거지면서 서울교통공사는 직원들을 대상으로 가족 재직현황 제출을 요구했다. 그러나 노조가 이를 거절하도록 조합원들에게 지침을 내려 보냈다. 노조가 채용비리에 관여했다는 의혹을 받게 하는 대목이다. 감사원은 서울교통공사 사장을 해임하라고 통보하고 비정규직 제로(0) 정책을 밀어붙여 황당한 결과를 초래한 박원순 시장에 대해서도 주의 처분을 내렸다. 하지만 박 시장은 "정규직 전환은 칭찬받고 상받아야 하는 일"이라는 궤변으로 대응했다. 서울시정 책임자가 공정과 불공정을 제대로 구분하지 못한 채 사태를 덮기에만 급급해 하는 게 공기업의 고용세습행위를 부추긴 건 아닌가 하는 생각이 든다.

공기업의 고용세습은 여러 곳에서 문제가 됐다. 한국전력공사 자회사인 한전KPS에서도 고용세습 논란이 빚어졌다. 이 회사에서는 비정규직으로 입사했다가 정규직으로 전환된 직원 중 11명이 재직자의 자녀인 것으로 확인됐다. 지난 10년간 이 회사에서 임직원 친인척의 정규직화 비율이 일반 직원보다 2배 가까이 높은 것으로 드러났다. 한전KPS가 박맹우 자유한국당 의원에게 제출한 '정규직 전환자의 친인척 재직현황'에 따르면, 이 회사가 2018년 4월 정규직(5급, 6급)으로 전환한 기존 기간제 계약직 직원 240명 가운데 11명(4.6%)이 임직원의 자녀인 것으로 파악됐다. 이 중 8명은 노동조합원 자녀였다. 임원과 노조원 모두 '누이 좋고 매부 좋은' 식으로 불공정 채용을 자행해 온 것이다.

일자리정책 주무부서인 고용노동부 산하기관에서도 채용비리가 드러나고 있다. 2018년 8월 한국산업인력공단에 한국기술자격검정원 직원 68명이 특별경력 정규직으로 흡수됐는데 이 중 6명이 공단 전현직 간부들의 친인척인 것으로 밝혀졌다. 한국가스공사와 한국남동발전, 경상남도 산하 공공기관 등 공기업의 고용세습 의혹은 끝없이 이어지고 있다.

주인 없는 회사이다 보니 공기업의 방만 경영과 도덕적 해이는 오래전부터 지적되어온 폐단이다. 이러한 상황에서 문재인 정부의 '공공부문 비정규직 제로(0)' 정책은 임직원과 노조의 채용비리를 확산시키면서 도덕적 해이에 기름을 붓는 격이었다. 그럼에도 지자체와 공기업들은 채용비리와 고용세습 의혹에 대해 사과를 하거나 재발방지를 위한 제도적 장치는 찾아보기 어렵다. 오히려 '가짜뉴스' 운운하며 현재의 잘못을 덮으려고만 하고 있다.

노동권력이 센 민간 대기업 중에서도 고용세습을 단협에 명시해 일자리대물림을 하는 곳들이 꽤 있다. 대기업 노조의 이러한 고용세습은 가뜩이나 취업난을 겪는 청년층 취업준비생들에게 좌절감을 더해주고 있다. 국회 환경노동위원회 김동철 의원(바른미래당)이 고용노동부 등을 통해 전국 기업노조를 조사한 결과, 2018년 8월 기준 15곳에서 단체협약에 고용세습조항을 유지하고 있는 것으로 드러났다. 민주노총 산하 노조로는 현대자동차, 금호타이어, 현대로템, S&T대우, S&T중공업, 태평양밸브공업, 두산메카텍, 성동조선해양, TCC동양 등 9곳이고, 한국노총 산하는 세원셀론텍, 현대종합금속, 삼영전자, 롯데정밀화학, 부산주공 등

5곳, 그리고 상급단체에 가입하지 않은 미가입노조로는 두산모트롤이 있다. 기업이 노조의 고용세습 요구를 수용한 것은 힘의 균형이 노동권력에 과도하게 기울어진 탓이다. 이들 기업은 정년퇴직한 조합원이 요청하면 별다른 결격 사유가 없는 한 자녀를 우선 채용하거나 25년 이상 장기근속자의 자녀 1명까지는 다른 지원자와 같은 조건이면 우선 채용해 주는 등의 방식으로 뽑았다. 10년 이상 근속자가 병에 걸리거나 그 후유증 등으로 근무가 어려워진 경우 자녀를 채용하도록 한 곳도 있다. 현행 법상 정년퇴직자나 장기 근속자 자녀를 우선 채용하거나 채용 시 특혜를 주는 것은 불법이다. 고용세습이 사회문제로 떠오르자 현대차 등 일부 대기업의 노사는 2019년 단체협상에서 '정년퇴직자 자녀 우선채용' 조항 등을 삭제했다. 양질의 일자리를 제공하는 공기업과 민간기업의 노조들은 현대판 음서제인 일자리 대물림을 끊고 사회정의 차원에서 청년들의 고용절벽 해소에 나서야 할 것이다.

비정규직 제로(0), 사회정의인가

문재인 대통령이 '공공부문 비정규직 제로' 선언 이후 비정규직의 정규직 전환이 빠른 속도로 이뤄지고 있다. 정규직 전환을 가장 먼저 약속한 공기업이 인천국제공항이다. 문 대통령은 취임하자마자 이 회사를 방문해 비정규직 1만 명의 정규직화를 약속했다. 다른 공기업에도 전원 정규직화 방침을 약속했고 이를 실천 중이다. 고용노동부에 따르면 정규직 전환 대상 20만 5000명 가운데 2018년 12월 말까지 정규직으로 전환된 인원은 17만 5000명(85.4%)으로 추산된다. 나머지 3만 명도 전환됐거나 전환이 진행 중이다. 한국가스공사를 비롯 한국마사회, 발전회사 일부, 서울대병원 등은 정규직 전환대상 규모가 업체당 1000명을 웃돌 정도로 많다.

엄청난 인력이 말 그대로 줄 한번 잘 섰다가 뜻밖의 특혜를 받은 셈이다. 이들은 제대로 된 경쟁도 거치지 않고 곧바로 정규직이 됐다. 이들은 정규직으로 전환된 이후 더 많은 것을 요구하면서 국민들로부터 따가운 시선을 받았다. 김포·제주공항 등 전국 14개 공항에서 일하는 한국공항공사 자회사 노조원들이 2019년 11월 "공공기관 비정규직 제로(0)화에도 비정규직의 삶은 전혀 나아지지 않았다"며 기본급 6% 인상 등을 요구했다. 사용자 측이 받아들이지 않을 경우 파업으로 맞서겠다고 으름장을 놓았다. 이들은 정부의 '비정규직의 정규직화 방침'에 따라 자회사 정규직으로 전환된 공항 청소, 경비, 보완, 기계 설비 근로자 800여 명이다. 항공업종은 필수공익사업이라 중요 업무 직원들의 파업이 제한된다. 하지만 공항 비정규직 근로자들은 한국공항공사 자회사인 KAC공항서비스의 정규직으로 신분이 바뀌면서 파업권 확대를 요구했다. 회사 측은 노조 요구에 반대했지만 노조가 서울지방노동위원회에 낸 조정 신청을 통해 전체 961명 중 800여 명이 파업에 참여할 수 있는 권리를 얻어냈다. 비정규직에서 정규직으로 전환된 노조원들은 근로조건이 좋아지자 이제는 단체행동권까지 얻어내 더 많은 것을 내놓으라고 소리친다.

공기업에선 정규직이 되는 순간 정년퇴직 때까지 해고 걱정이 없다. 국민 세금으로 운영되고 복지도 잘 돼 있어 '신도 부러워하는 직장'이란 말을 들을 정도다. 매년 대졸과 고졸 취업준비생들이 '입사하고 싶은 최고의 기업군(群)'으로 꼽힌다. 그런 만큼 취업 경쟁도 치열하다. 그런데 비정규직의 대대적인 정규직화로 취업준비생들이 들어갈 양질의 신규 일자리는 그만큼 줄어들었다. 비정규직에게 일자리를 빼앗긴 셈이다. 여기에 그치지 않는다. 비정규직들은 정규직 전환에 만족하지 않고 처우나 복지를 자꾸 더 올려달라며 회사 측을 압박한다. 그 요구를 들어주는 만큼 정부 재정 부담은 커진다. 이미 고용된 비정규직은 기득권층으로 신분이 전환됐고, 청년들이 들어갈 취업문은 바늘구멍만큼 더 좁아졌다.

공기업엔 주인이 없어 조금만 관리를 소홀히 해도 재정지출이 눈덩이처럼 불어난다. 많은 공기업들이 방만 경영으로 비판받는 이유이다. 책임질 게 없는 정규직 노조에선 비정규직을 좋은 조건의 정규직으로 전환해 줄 것을 요구한다. 비용은 걱정할 필요가 없다. 국민 세금으로 지출하면 되고 그 책임은 정부가 지면 된다. 이같은 구조를 잘 아는 민주노총은 자회사 설립을 통한 정규직 전환 대신 본사의 직고용을 요구하며 주요 공공기관들을 압박하고 있다. 자회사 방식의 정규직은 임금 복지 등에서 정규직과 차별을 받기 때문에 파견직과 다를 바 없다는 주장을 펴고 있다. 그러나 공공기관들은 정부의 예산 통제를 받고 있다. 직고용을 늘리는 데 한계가 있을 수밖에 없다.

공기업의 정규직화는 또 다른 차별을 만든다. 청소원, 조리원, 경비원 등의 예를 들어보자. 민간기업에선 쥐꼬리만 한 임금을 주면서 이들 인력을 비정규직으로 고용하는 데 반해 공기업에선 정규직으로 대접받고 있다. 공기업은 대우도 괜찮다. 같은 청소원이라도 민간기업과 비교할 때 임금 등에서 많은 차이가 난다. 공기업이 채용하고 있는 청소원 조리원 경비원들의 임금은 어디서 나오는가. 시장에서 치열한 경쟁을 통해 이익을 창출한 민간기업들로부터 걷은 세금으로 충당한다. 많은 이익을 거두는 수출 대기업들도 비용 상승 때문에 이들의 정규직 전환은 엄두도 못낸다. 임금수준은 근로자들의 생산성과 부가가치가 반영돼 시장에서 결정된다. 비정규직 제로화는 정부의 선심성 복지 차원에서 시행하는 포퓰리즘의 산물이다. 고용시장에서 벌어지는 '공유지의 비극'인 셈이다. 이게 사회정의에 걸맞은 정책인지 의구심이 든다.

노동운동의
정치세력화

노동운동은 정치행위다. 조직을 관리하고 비전을 제시하며, 때로는 정파 간 주도권 싸움을 벌이는 것까지 노동운동은 정치행위와 닮았다. 그래서인지 선거철만 되면 정치판에는 노동운동가들이 몰려든다. 정당들도 조직력과 거대 표밭을 갖고 있는 노동단체 지도부를 자기 세력으로 끌어들이기 위해 온갖 노력을 기울인다. 노동운동가 출신들의 국회의원 수도 과거보다 크게 늘어나고 있다.

김대중 정권 때인 16대 국회 때까지만 해도 노동계 출신은 전체 국회의원 300명 중 1~2명으로 손에 꼽을 정도로 귀했다. 주요 정당들이 노동계 입장을 대변하고 있다는 점을 국민들에게 보여주기 위해 구색 맞추기 차원에서 비례대표로 영입한 케이스들이다. 그 후 노동운동가 출신들의 국회 입성은 크게 늘어났다. 노동계가 여의도 정치무대에 본격적으로 뛰어든 것은 2004년 17대 국회 때다. 민주노동당에서 10명(지역구 2명, 비례

대표 8명)의 국회의원이 배출됐다. 선거제도를 바꾼 덕분이다. 새천년민주
당(현재 민주당) 비례대표 1명을 포함하면 노동계 출신 의원은 모두 11명이
었다. 민주노동당의 국회 입성은 우리나라 정치지형에 큰 변화를 이끌었
다. 노동운동가 출신 국회의원의 숫자가 많이 늘어나면서 청렴과 도덕성
을 무기로 기득권 정치세력의 구태를 바꾸는데 큰 역할을 했다. 국회 내
에서 노동운동가들의 입김도 세지기 시작했다.

　하지만 민노당은 한계를 드러냈다. 원내교섭단체를 꾸릴 만한 숫자를
채우지 못한데다 시장경제를 바탕으로 한 경제성장이나 국가의 균형발
전은 외면한 채 노동계 입장만을 대변하는 계급정당이란 색깔도 벗지 못
했다. 정부의 웬만한 노동정책에 대해선 친시장 정책이란 이유로 어깃장
을 놓기 일쑤였다. 기간제 및 파견근로자의 기간연장 등에 대한 반대가
대표적이다. 이명박 정부 때인 18대 국회에서는 노동계 출신 국회의원이
17대보다 2명 줄어든 9명이었고 이 중 한나라당(새누리당) 4명, 민노당 5
명으로 좌우가 엇비슷했다. 민주노총의 지지를 기반으로 하는 민노당의
의원수가 반토막 나면서 계급정당의 목소리도 낮아졌다.

　19대에선 노동계 출신 15명이 국회에 입성했는데 이들 중 노동현안을
꿰뚫고 있는 전문가들이 많아 이명박 정권의 친시장 정책이 야당 의원들
로부터 공격을 당하기 일쑤였다. 정당별로는 새누리당 2명, 민주통합당
10명, 통합진보당 3명 등이다. 통합진보당은 13명의 의원을 배출했는데
이 중 노동계 출신은 많지 않았다. 당시 노동계 출신 야당의원들 중 은수
미, 노회찬, 심상정 등 '투사'로 평가받는 의원들이 많았다.

20대 국회 들어 노동계 출신 의원은 14명으로 19대와 비슷했지만 그 파워는 역대 최고로 평가받았다. 무엇보다 양대 정당 원내대표를 노동계 출신들이 동시에 맡을 정도로 그 위상이 달라졌다. 2018년 더불어민주당과 자유한국당의 원내대표는 노동계 출신인 홍영표 의원과 김성태 의원이었다. 이들은 모두 3선 의원이다. 김 의원은 한국노총 사무총장과 부회장을 역임했고 홍 의원은 민주노총 금속노조 한국GM(구 대우자동차) 노조 사무처장 출신이다. 이들은 겉으로는 좌파 정당과 우파 정당의 강령과 이념에 충실한 정치인으로 비춰질 수 있지만 속으로는 오랫동안 노동운동을 하면서 뼛속까지 친노동, 반시장적인 이념이 스며든 좌파 정치인이라고 볼 수 있다.

노동계 출신 의원이 양대 정당의 원내대표로 만난 것은 우리나라 노동운동사와 정치사에 길이 남을 일이다. 지금껏 우리 정치사에 노동운동가들이 대중정당인 여당과 제1야당 중 어느 한 곳에서도 원내대표를 맡은 적이 없었기에 더욱 주목을 끌었다. 또 20대 노동계 출신 의원 가운데 노동판의 '투사'로 이름을 날렸던 심상정 정의당 대표도 '거물급' 정치인으로서 정부의 각종 정책에 영향을 미치고 있다. 특히 한국노총 출신인 민주당의 김영주 의원(3선)은 고용노동부 장관에 발탁돼 노동행정을 총괄하기도 했다.

국내 노동운동가들의 정계진출 시도는 끊임없다. 노동단체 간부들은 정치권과의 정책연대 등을 통해 정계진출의 징검다리로 삼고 있다. 한국노총은 2012년 이용득 위원장 시절 민주통합당과 정책통합을 시도한 적이 있다. 좌파 정당인 민주당과 통합함으로써 노동계의 요구를 입법과정에 반영하겠다는 게 겉으로 드러난 통합 취지였다. 하지만 실제로는 정책연대를 맺은데 대한 대가(?)로 많은 지역구 공천과 비례대표 후보를 한국노총에 할당해 줄 것을 기대했다. 한국노총 이용득 위원장과 한정애 의원 등이 더불어민주당 의원이 된 것도 정책통합을 사다리로 이용했기에 가능했다.

노동계가 정치권과 정책연대를 추진하는데 대해 곱지 않은 시선도 많다. 지난 2012년 한국노총(위원장 이용득)이 민주통합당(현재 더불어민주당)과 정책연대를 한다고 발표하자 당시 이채필 고용노동부 장관은 "한국노총이 특정 정당과 통합을 하고 위원장이 최고위원을 겸직하는 것은 노동운동의 범주를 넘어선 것이다"고 비판했다. 노조의 자주성은 사용자와 정부, 정당을 비롯한 정치권으로부터 독립했을 때 가능한데 노동계와 정당의 정책연대는 이를 가로막고 있다는 지적이었다. 이에 대해 한국노총은 "외국에서 보편화되어 있는 노조 정치활동을 비판하는 이 장관의 정체성에 문제가 있다"고 맞받아쳤다. 한국노총은 "노동조합의 정치참여는 노동자의 사회·경제적 지위향상에 있어서 주요한 활동 중의 하나로 선진국에서는 일반화된 행태"라고 주장했다. 그럼에도 노동단체와 특정 정당의 정책연대는 일부 노조 간부들의 '금배지'달기 기회로 이용되고 있다는 비판이 많다. 이제 우리나라에서 노동운동가들의 정치활동은 10~20년 전에 비해 크게 활성화돼 있다. 하지만 노조의 지나친 정치세력화는 우리 경제의 정책방향에 악영향을 끼쳐 여러 가지 폐해가 초래될 수 있다.

선진국 노조의 정치활동은 주로 특정 정당과 결합하거나 정당을 지지해 노조에 유리한 법과 제도를 만드는 데 주력한다. 영국은 노동운동가들의 정치권 진출이 가장 활발한 나라 중 하나다. 노동당의 뿌리인 영국 TUC(영국노총)는 노동당의 정치자금 가운데 50% 이상을 지원하고 있고, 노동당 최고 집행기구인 집행위원회 구성원의 3분의 1 정도를 노조 대표로 채우고 있다. 노동 당수를 선출할 때는 국회노동당(원내 노동당 의원)에서 선출해오던 관행을 바꿔 1993년부터 국회노동당, 지구당, 노동조합으로 구성되는 선거인단을 각각 3분의 1로 동일하게 구성해 뽑는다. TUC위원장이 노동당의 최고위원을 겸하지 않았을 뿐, 노동당과의 결합은 상당히 견고하다. 현직 노조 간부가 노동당 고위당직을 겸하고 있는 사례는 거의 없다. 최근에는 노조 조합원이 아닌 일반인을 당원으로 다수 충원하는 등 노동조합과의 거리두기를 추진 중이다.

미국의 AFL-CIO(미국노총)는 민주당과의 정책협력을 위해 막대한 정치자금 제공, 입법 로비 등을 전개한다. 대통령 선거 때는 민주당 후보에 대해 공식 지지를 표명하고 거액의 선거자금을 기부한다. 연방선거에 있어 노조의 정치활동과 정치자금 기부행위는 금지되나 법에 의한 별도조직을 설립해 별도 기금을 통한 후원금 모집과 기부는 가능하다. 조합비 자체가 정치자금으로 기부되는 게 아니라, 해당 정당을 지지하는 조합원이 기금 조성에 참여하게 되어 조합원 개인의 정치적 기본권이 침해되지 않도록 하고 있다. 2008년 대선 때 미국노총은 오바마 후보 선거운동으로 3억 달러를 사용키로 결정했다. 그렇다고 AFL-CIO 현직 간부가 민주당의 주요 당직을 겸직하는 일은 없다.

온건노선을 걷는 일본의 렌고 역시 민주당과 정책연대를 하고 있다. 2012년 총선에서 민주통합당에 공천 신청을 한 노동운동가 출신은 10명에도 못 미쳤다. 전체 지역구 245개 가운데 극히 일부다. 겉으로는 정책연대니 통합이니 하며 떠들썩했지만 실제로는 그리 많지 않은 숫자다. 렌고의 현직 간부가 정당의 주요 당직을 겸직하여 정당 의사 결정 과정에 참여하는 경우는 거의 없다. 렌고는 노동조합과 별도조직으로 운영하는 정치센터를 통해 국회의원 및 지방의원 선거에 후보를 내고 있다.

전교조가 장악한
교육계

문재인 정권 들어 전교조가 전성시대를 맞고 있다. 전교조 출신들이 전국 시·도 교육감 자리에 속속 당선되고 있는 데다 교육정책의 최상층부와 청와대 교육비서관 등 요직도 전교조 출신들이 줄줄이 꿰차고 있다. 전국 교직원들이 전교조에 가입한 조직률은 14.6%(2015년)로 공공부문(67.7%)에 비해 크게 낮지만 민간부문(9.5%)보다 높은 편이다. 전교조는 자신들이 주장해 오던 대로 교육정책의 큰 물줄기를 바꿔놓고 있다. 전체 교사 10명 중 1.5명꼴인 전교조 세력들이 우리나라의 교육행정과 정책을 쥐고 흔드는 형국이다.

2018년 8월 교육부는 교육계를 놀라게 하는 인사를 단행했다. 1급 학교혁신지원실장 자리에 전교조 조직국장 및 충북교육청 장학관 출신을 앉혔다. 교육 전문직이 오를 수 있는 최고의 자리에 오른 것이다. 그는 교장 경력은 없지만 2004년 참여정부 때 청와대 행정관을 지냈다. 자사고·외고 폐지 국정과제를 담당하는 학교혁신지원실 내 학교혁신정책과 장도 전교조 인천지부 사무처장 출신으로 교체했다.

문재인 정권이 중·장기 국가교육정책을 짜기 위해 만든 대통령 직속 국가교육회의 의장은 전교조 정책실장과 노무현 정부 시절 청와대 교육문화비서관을 지낸 김진경 씨에게 맡겼다. 교육부 요직과 교육청 국가교육회의를 전교조가 장악한 셈이다. 전교조가 전성시대를 맞은 것은 전교조·좌파 교육감들이 대거 등장한 덕분이다. 2018년 6월 치러진 전국 17개 시·도 교육감 선거에서 14곳이 좌파 교육감으로 채워졌다. 이 가운데 10명이 전교조 위원장 혹은 수석 부위원장 등 핵심간부를 지낸 인물들이다. 중도·우파 교육감은 대전·대구·경북 등 3명에 불과했다. 전교조 출신 교육감은 교육감 직선제가 전면 도입된 2010년에만 해도 강원교육감과 광주교육감 등 2명에 불과했다. 이후 2014년 8명으로 급증한 뒤 2018년 선거에서 10명을 배출했다. 사실상 유치원과 초·중·고교의 교육 중심이 전교조로 넘어간 것이다. 전교조 출신들이 대거 교육감 자리에 앉으면서 전교조가 주장해 온 내용들이 교육 현장에 속속 반영되고 있다. 자사고·특목고 폐지와 학생 인권 조례, 무상급식 등이 대표적이다. 국가 학업성취도 평가도 폐지했고 내부형 교장 공모제도 도입했다.

전교조 정책들로 인해 교육현장에선 많은 혼란을 겪고 있다. 대표적인 이슈가 자율형사립고 폐지 문제다. 전교조는 자사고를 '귀족학교'라며 무조건 폐지할 것을 주장해왔다. 전교조 출신 또는 좌파 교육감들은 2019

년에만 자사고 11곳을 일반고로 전환하려고 했다. 이같은 전교조의 끊임없는 노력은 결실로 이어지고 있다. 문재인 정부는 2019년 11월 발표한 '고교서열화 해소방안'에서 2025년에 외국어고, 국제고, 자사고 등 3가지 고등학교 유형을 완전히 없애기로 결정했다. 그동안 진행되어온 수월성 교육, 다양화 교육, 우수학생 양성교육을 한꺼번에 포기하겠다는 것이다. 해당 학교들은 결정을 취소해달라며 법원에 소송을 제기하는 한편 집행정지도 신청한 상태다.

전교조 출신이거나 전교조의 지지를 받아 당선된 좌파 교육감들은 전교조의 요구를 들어주는 경우가 많다. 때에 따라선 불법행위도 눈감아준다. 전교조는 법외노조이기 때문에 전임자를 둘 수 없는데도, 17개 시·도 교육청 중 전교조 출신 또는 좌파 교육감이 있는 13곳에서 전임자를 허용했다. 엄연한 불법인데도 전교조 요구에 모른 척 눈감아준 것이다.

2019년 교사들의 정치 편향 발언으로 논란이 됐던 '인헌고 사태'에 대한 수사는 전교조 교사 봐주기라는 논란이 일었다. 서울시 교육청이 "너 일베(극우 커뮤니티)냐" "조국 뉴스는 가짜다"라는 발언을 했던 인헌고 교사들에 대해 조사를 실시한 결과, 특정 정치사상을 강요하려는 의도가 없었기 때문에 징계하지 않기로 했다는 것이다. 조사 책임자인 서울시 교육청 담당 장학관은 과거 전교조 핵심 인사 출신으로 혁신학교 주창자로 알려졌다. 앞서 학생을 '일베'로 표현한 교사도 전교조 수석 부위원장을 지냈다. 이 때문에 전교조의 전교조 봐주기라는 의혹이 불거졌다. 이와 관련, 조희연 서울시 교육감은 입장문을 내고 "학생들도 성찰해야 할 부분이 있다. 검토되지 못한 섣부른 신념화는 독선으로 흘러 자신과 사회에 매우 위험할 수 있음을 꼭 유념해 달라"고 밝혔다. 교사들의 정치편향을 문제 삼은 학생들이 문제가 있는 듯이 말한 것이다. 이 조사는 공정성을 결여한 부실조사로 정치편향 교육에 면죄부를 준 것이나 다름없다.

교육감들의 전교조 챙기기는 여러 형태로 드러난다. 교육감들은 불법행위로 유죄 판결을 받은 전교조 해직 교사들을 특별 채용해 교단에 설 수 있도록 했다. 조희연 서울시 교육감이 2019년 초 특채한 5명 중 4명이 대법원에서 유죄 확정판결을 받고 퇴직한 전교조 교사였다. 김석준 부산시 교육감도 같은 시기 전교조 해직 교사 4명을 특채했다. 2005년 북한 역사책 내용이 담긴 자료집으로 다른 교사들에게 통일 세미나를 열었다가 대법원에서 유죄 확정판결을 받은 인물들이다.

내부형 교장공모제는 전교조 출신을 위한 출세코스라는 비판을 받고 있다. 교장이 되려면 교직 경력 20년 이상에 교장 자격증이 있어야 한다. 하지만 교장공모제는 교장 자격증이 없는 평교사도 능력만 있으면 공개 모집을 통해 교장이 될 수 있도록 자격요건을 없앴다. 문제는 제도 도입 이후 임명된 교장들 가운데 일반교사들은 거의 찾아보기 어렵고 전교조 교사들이 싹쓸이를 하고 있다는 점이다. 2019년 상·하반기 교장공모제를 통해 선발된 서울 초·중·고교 교장 15명 중 13명(86.7%)이 전교조 소속이다.

전교조가 공모제를 통해 교장을 독식하는 데에는 진보 교육감들의 영향이 크다. 전교조 지지를 업고 대거 당선된 진보 교육감들은 교장공모제를 코드인사, 보은인사 창구로 이용하고 있다. 교장공모제는 학부모교사 지역 주민이 지원자를 대상으로 3배수를 뽑으면 교육지원청이 심사를 통해 2배수로 압축한 뒤 교육감이 최종 결정한다. 결국 진보 교육감이 전국 시도 교육행정을 장악하고 있는 상황에서 교장공모제는 전교조 출신들에게 유리하게 작용한다. 학교 경쟁력을 높이고자 도입된 교장공모제가 전교조 출신의 출세사다리로 변질되고 있는 것이다.

전교조의 득세는 교육현장을 빨간 이념으로 물들이고 있다. 한 전교조 교사는 수업시간에 "박정희 대통령이 독재를 해서 많은 사람을 죽였다. 그는 태어나서는 안 될 사람이다"는 내용으로 학생들에게 가르쳤다고 한다. 마치 박 대통령이 죄 없는 사람들을 법적 절차에 의하지 않고 학살이라도 자행했다는 분위기를 풍기게 한 것이다. 말도 안 되는 사실왜곡이 교육현장에서 일어나고 있다. 전교조의 좌편향 교육은 대한민국의 미래를 짊어지고 나갈 학생들의 의식형성에 중대한 악영향을 미친다. "천안함은 북한 도발이 아니라 이명박 정부의 자작극"이라고 학생들에게 선동한 전교조 교사도 있다.

공영방송 EBS의 자회사인 EBS미디어는 2018년 12월 교구 사업 협력사 스콜라스와 북한 김정은 국무위원장을 미화한 종이 인형을 제작해 여론의 뭇매를 맞은 적이 있다. 대한민국의 주적인 북한의 국무위원장을 예쁜 인형으로 치장해 교육용으로 만든 것이다. 더욱 기가 차는 것은 EBS미디어가 김정은 위원장을 '한반도 평화시대를 여는 지도자'로 평가했다는 점이다. 입체퍼즐 홍보 포스터엔 '세계 최연소 국가 원수'라는 문구와 함께 손을 흔들며 웃는 김 위원장의 캐리커처가 등장했다. 공영방송 자회사가 자신의 형을 죽인 살인교사범 김정은을 미화한 것을 어떻게 이해해야 할까.

한 민간 통일단체가 초등학생들에게 통일교육을 하는 도중 김 위원장 답방을 환영하는 참가 신청서를 받아 파장이 일기도 했다. 어느 초등학교 교사는 5세인 그의 자녀한테 '법외노조 취소해라'라는 문구를 한 글자씩 따라 외친 동영상을 인터넷에 올리기까지 했다. 이러한 정치적 이념적 교육행태는 가치관이 정립되지 않은 학생들을 혼란스럽게 만들 뿐이다.

2부

기업 경쟁력 가로막는
'붉은 깃발들'

마차가 말을 끄는
소득주도성장

선진국 어느 나라에서도 시행된 적 없는 소득주도성장론이 문재인 정권의 주요 경제 정책으로 시행되면서 국민 경제가 어려움을 겪고 있다. 영세자영업자와 중소기업들은 경영난에 허덕이고 있고 대학을 졸업한 청년 구직자들은 마땅한 직장을 구하지 못한 채 고용절벽을 실감하고 있다. 전 세계적으로 고용 훈풍이 불고 있지만 한국의 경제지표들은 거꾸로 가고 있다. 좌파경제이론인 소득주도성장을 고집하며 국가 경제 정책을 제대로 펼치겠다고 장담하지만 우리 경제는 더 깊은 수렁으로 빠져드는 형국이다.

그런데도 문재인 정권은 많은 부작용을 낳고 있는 소득주도성장 정책을 수정하지 않은 채 여전히 신주단지 모시듯 하고 있다. 소득주도성장은 노동자들의 소득을 인위적으로 높여 소비를 촉진시켜 내수를 활성화하고 이를 통해 경제를 살리겠다는 게 골자로 후기 케인지언들이 주장한 신좌파경제 이론이다. 정통 주류 경제학계에서는 거들떠보지 않는 이론이어서 지금껏 이를 주요 경제 정책으로 채택한 나라는 찾아보기 어렵다. 그런데 5000만 국민의 나라 살림을 책임지고 있는 문 정권이 용감(?)하게도 정책실험을 계속 고집하고 있어 많은 경제전문가들이 우려를 금치 못하고 있다.

문재인 정부가 소득주도성장의 주요 정책수단으로 들고 나온 것은 최저임금의 급격한 인상이다. 매년 한 자릿수로 인상되던 최저임금은 2018년(7530원) 16.4%에 이어 2019년(8350원) 10.9%가 또 올라 2년간 29.1%나 인상됐다. 여기에 20%의 인상효과가 있는 주휴수당까지 합하면 2019년 시간당 최저임금은 1만 30원에 달한다. 1인당 GDP(국내총생산)를 감안한 실제 최저임금은 세계 최고수준이다. 가뜩이나 경제가 얼어붙고 있는 상황에서 최저임금까지 치솟다 보니 저임금노동자의 일자리가 사라지고 영세자영업자와 중소기업 경영자들의 고통이 가중된다. "기업 못해 먹겠다"는 불만의 목소리가 여기저기서 터져 나온다. 소득주도성장에 대한 비판이 거세지자 2020년 최저임금은 2.87%(시급 8750원) 인상으로 완급이 조절됐지만 2년 동안 워낙 많이 올라 기업들의 충격은 좀처럼 줄어들지 않고 있다.

그럼에도 문재인 정권은 실패한 정책으로 평가받는 소득주도성장을 버리지 않고 있다. 그 도입배경을 살펴보면 어느 정도 이유를 이해할 수 있을 것 같다. 소득주도성장 정책의 주창자는 문재인 정부 경제 정책의 틀을 짠 홍장표 전 청와대 경제수석이다. 좌파경제학자인 그는 노동소득분배율을 늘려야 경제활성화를 이룰 수 있다는 소득주도성장론의 신봉자다. 그렇지 않아도 기업이 이윤을 많이 가져감으로써 노동자들이 손해를 본다고 생각해왔던 문재인 좌파 정권은 이 묘수 같은 경제 정책에 박수를 보냈을 것이다. 홍 전 수석은 소득주도성장의 필요성을 체계적으로 제시한 논문까지 발표했던 전문가다. 이런 그가 노동소득을 올려야 국가경제가 활성화된다는 파격적인 좌파 경제 정책모델을 주장하자 경제에 문외한인 문 대통령 입장에서는 반대할 이유가 없었을 것이다.

그는 2014년 사회경제평론지에 게재한 「한국의 노동소득분배율 변동이 총수요에 미치는 영향: 임금주도 성장모델의 적용 가능성」이란 제목의 논문에서 "외환위기 이후 노동소득분배율의 급격한 하락이 내수시장을 위축시키고 경제성장에 부정적인 영향을 미쳤다"고 분석했다. 이어 "외환위기 이후 자본 몫이 증가하였지만 투자는 늘지 않았으며, 노동 몫 감소로 인한 단위노동비용 하락이 무역수지 개선에 기여했다는 증거도 발견되지 않았다"고 지적했다. 자본소득이 늘어도 경제활성화에 별로 기여를 못했으니 노동소득을 높여 경제를 살릴 필요가 있다는 점을 강조한 것이다. 친노동 정책을 최고의 가치로 여기는 좌파들에게 이보다 더 구미가 당기는 경제 정책을 찾을 수 있었을까. 문재인 정권은 '지금까지 한 번도 가본 적이 없는' 소득주도성장이라는 묘책(?)을 통해 경제가 기대 이상 살아나면 장기집권 가능성에 더욱 힘을 실어 줄 것이란 장밋빛 희망도 가졌을 법하다.

하지만 홍장표의 논문에 허술한 점이 발견된다. 그는 1981년부터 외환위기 이전인 1997년까지는 노동 몫 증가가 건설투자와 기업의 설비투자를 이끌었다고 분석했다. 하지만 이 시기에는 신도시건설, SOC사업 등에 대한 정부의 대대적인 투자와 세계화에 따른 기업들의 설비 투자가 활발히 이뤄졌고 이러한 투자들이 노동의 몫 증가에 결정적인 영향을 미쳤다고 봐야 할 것이다. 다시 말해 '말이 마차를 끈 것이지 마차가 말을 끈게 아니다'라는 얘기다.

'노동의 몫이 늘면 무역수지에 부정적 영향을 미치지 않는다'는 분석 역시 다소 억지라는 생각이 든다. 많은 경제학자들은 내수시장 규모가 큰 국가에서는 노동소득분배가 긍정적 영향을 미칠 수도 있다는 점을 인정한다. 하지만 한국과 같은 대외의존도가 높은 국가에는 노동소득분배율을 높이면 수출경쟁력을 떨어뜨려 국제수지적자가 확대되고 이는 소득감소로 연결돼 소비감소를 초래하게 된다. 결국 노동의 몫을 강조하는 소득주도성장론은 '마차가 말을 끄는', 다시 말해 '꼬리가 몸통을 흔드는'(wag the dog) 비정상적인 경제 정책이라고 할 수 있다.

사실 신고전 경제학자들은 노동소득분배율을 높이는 소득주도성장은 경제성장에 전혀 도움이 되지 않는다고 반박한다. 이들은 자본의 몫, 다시 말해 이윤분배율의 증가만이 경제성장에 긍정적인 영향을 미친다고 주장한다. 이윤분배율의 증가는 저축률과 설비투자, 총수요 증가로 이어져 경제를 활성화시킨다고 본 것이다. 결국 노동의 몫이 경제활성화에 기여할 것이라는 소득주도성장 정책으로 인해 민생경제와 기업의 경영만 힘들어지고 있다.

소득주도성장론 태동 배경

소득주도성장론은 노동자들의 소득을 인위적으로 높여 소비를 촉진시키고 이를 통해 경제를 살리겠다는 것으로 후기 케인지언과 후기 칼레키언의 신좌파경제 이론이다. 자본 몫보다 노동 몫을 높여 경제를 살린다는 게 소득주도성장의 핵심 논리다. 이들은 임금주도성장이라고 불렀는데 문재인 정부가 소득주도성장으로 바꿔 불렀다. 이 이론에 대한 논의는 2000년대 들어 조금씩 이뤄지기 시작했다.

케인스는 1930년대 대공황이 소비 부족에서 온 결과로 보고 총수요 측면에서 유효수요를 진작할 것을 권고했다. 대공황을 경험한 세계 많은 나라들이 정부의 적극적인 개입을 통해 유효수요를 창출한 케인스주의로 불황을 극복했다. 하지만 정부 개입의 약효가 지속되지 못하자 많은 국가에서 케인스주의에 대한 회의론이 일기 시작했다. 결국 1980년대 들면서 '작은 정부, 큰 시장'을 중시하는 신자유주의 경제사조가 새로운 대안으로 등장했다. 신자유주의는 정부의 인위적 개입을 배제하고 시장의 효율성과 공정성을 높임으로써 많은 기업에 이윤을 안기고 국가의 일자리창출에 기여하는 최고의 경제 정책으로 인식되었다.

그런데 잘 나가던 신자유주의에 그늘이 들기 시작했다. 그동안 미덕이라고 여겨졌던 임금억제는 디플레이션 압력과 총수요감소를 유발하면서 세계적인 경기침체의 주범이라는 비판에 직면하게 됐다. 무한경쟁을 통해 대기업과 다국적기업들이 이윤확대에 나서는 과정에서 임금 양극화가 심화되고 경제가 뒷걸음질 치면서 또 다시 정부 개입의 필요성이 대두된 것이다. 특히 2008년 미국발 금융위기는 소득불평등을 확대하고 실업자를 양산함으로써 신자유주의 경제 정책의 한계를 확인시켜주었다. 더욱이 2010년에 국제통화기금(IMF), 국제노동기구(ILO), 국제연합무역개발회의(UNCTAD) 등 국제기구에서 장기간의 임금억제가 금융위기의 원인이라는 분석을 잇달아 내놓으면서 정부 개입의 필요성을 주장해온 좌파경제학자들의 목소리에 힘을 실어줬다. 소득주도성장은 그러한 분위기 속에 주목받기 시작했다. 소득주도 또는 임금주도성장(wage-led growth)과 이윤주도성장(profit-led growth) 간에 우위 논쟁이 본격화한 것도 이즈음이다.

그렇지 않아도 신자유주의 경제 정책에 못마땅해 하던 좌파경제학자들로서는 엄청난 우군을 만난 것이다. 조지프 스티글리츠(미국 컬럼비아대)는 2012년 노동자의 몫인 임금인상을 통해 소비와 내수를 진작시켜 경제를 활성화시키고 소득불균형문제를 해소할 필요가 있다고 주장했다. 마크 라보이(캐나다 오타와대)와 엥겔베르트 스톡하머(영국 킹스턴대)도 그해 ILO에서 발간한 「임금주도성장: 개념, 이론과 정책들」이란 논문을 통해 노동소득분배가 경제성장에 중요한 영향을 미친다고 역설했다. 노동의 몫 증가는 자본소득 증가보다 소비탄력성이 크기 때문에 민간소비가 증가하고 이는 총수요증가로 이어져 투자는 물론 경제성장과 총이윤에도 긍정적인 영향을 가져온다는 논리를 폈다.

이들은 소득주도성장의 정책수단으로 최저임금인상을 제시했다. 최저임금인상은 노동소득분배율과 실질임금을 높여 고용에 긍정적 영향을 미치고 내수소비에 기여하며 소득불평등 문제도 개선한다고 봤다. 세계적인 좌파경제학자들의 이런 분석은 소득주도성장론의 기본 틀을 짠 홍장표 전 청와대 경제수석에게 많은 영향을 미친 것으로 보인다. 하지만 소득주도성장이 현장에 맞아 떨어지는 경제이론이라면 이를 채택하지 않을 국가는 없을 것이다.

동네북 된 소득주도성장

소득주도성장론에 대한 문재인 정권의 사랑은 식을 줄 모른다. 갖가지 부작용에도 불구, 문 대통령은 2019년 1월 2일 신년사에서 "경제 정책의 기조와 큰 틀을 바꾸는 일은 시간이 걸리고 논란이 있을 수밖에 없다"며 "우리 경제를 바꾸는 이 길은 반드시 가야 하는 길"이라고 못 박았다. 그 이후 기회만 있으면 소득주도성장 정책을 변화 없이 이어가겠다는 의지를 밝혔다. 하지만 소득주도성장론의 효과가 없다는 점이 속속 확인되면서 이 정책에 대한 비판이 줄을 잇고 있다. 'J노믹스(문재인 경제 정책) 설계자'인 김광두 서강대 명예교수는 문 대통령의 '마이 웨이'에 기대할 게 없다고 생각해서인지 2018년 12월 장관급인 국민 경제자문회의 부의장 자리를 걷어 차고 나왔다. 김 명예교수는 "일자리를 파괴하는 정책은 정책이 아니다"며 "소득주도성장으로 인해 경제의 뿌리가 흔들리고 있다"고 소득주도성장 정책을 강하게 비판했다.

소득주도성장에 대한 해외 유명 경제학자들의 비판도 잇따랐다. 2018년 노벨경제학상 수상자인 폴 로머 미국 뉴욕대 교수는 소득주도성장에 대해 '위험한 모델'이라고 경고했다. 로머 교수는 "4차 산업혁명 시대에는 기술 진화가 급속도로 이뤄지기 때문에 직장에서 얻는 현장 지식이 혁신을 위해 무엇보다 중요한데 소득주도성장은 기업의 신규 인력 채용을 막아 이런 지식 축적을 가로막을 수 있다"고 지적했다. 거시경제학 분야에서 세계적 석학으로 꼽히는 로버트 배로 하버드대 경제학과 교수는 "최저임금을 급격하게 올리는 것은 생산성이 낮은 근로자의 노동시장 진입을 막는 나쁜 아이디어"라고 지적했다. 세율과 세수의 상관관계를 설명하는 래퍼 곡선이론으로 알려진 아서 래퍼 전 서던캘리포니아대 교수도 "임금 상승은 성장의 결과다. 생산성과 이윤이 증가하고 더 많은 고용이 이뤄질 때 임금이 올라간다"며 "그런 점에서 소득주도성장은 멍청한 이론"이라고 직격탄을 날렸다.

소득주도성장에 등을 돌리긴 국내 경제학자들도 마찬가지다. 개혁성향의 원로 경제학자인 이준구 서울대 경제학부 명예교수는 "최저임금인상 정책의 급격한 추진이 저임금 노동자들의 삶을 어렵게 만드는 역효과를 발생시킬 수 있다"고 지적했다. 박정수 서강대 경제학부 교수는 "소득주도성장론은 논리적인 비약과 불완전성이 존재하고, 그 인과관계가 학계에서 실증적으로 입증되지 않은 가설이라는 점을 염두에 둬야 한다"며 "무리한 가정에 의존해 결론을 도출하고 있다"고 밝혔다.

많은 국내외 언론들도 소득주도성장론을 비판하고 있다. 뉴욕타임스는 "정책 성과가 매우 실망스럽다"고 비판했고 파이낸셜타임스는 "새 모델로 갈아타지 않으면 장기 불황에 접어들 것"이라고 경고했다. 세계일보는 경제전문가들 50명을 대상으로 설문조사를 실시해 소득주도성장의 비합리성을 비판했다. 2019년 1월 1일자 세계일보 기사에 따르면 '소득주도성장 정책을 수정·폐지해야 한다'는 응답률이 82%에 달했다. 이 중 '수정해야 한다'는 응답이 58%(29명)였고 '폐지해야 한다'가 24%(12명)였다.

시장에 반격당한
소득주도성장

            문재인 정부의 소득주도성장 정책은 시장의 힘 앞에서 무기력함을 여지없이 드러냈다. 문재인 대통령은 취임 첫날 '비정규직의 정규직화'를 지시하면서 '비정규직 제로(0)'를 다짐했지만 시장은 이 약속이 얼마나 공허한지를 입증해주었다. 정부의 다짐과 달리 비정규직이 사상 최대 폭으로 늘어나는 역설을 낳았다. 과다한 최저임금인상과 주 52시간제 등 반기업·친노동 정책이 비정규직 급증이란 참사를 부른 것이다. 인건비 부담을 느낀 기업들은 시장원리상 저임금의 비정규직 채용을 늘리는 생존전략을 쓸 수밖에 없었다. 정부의 소득주도성장 정책 실험은 좋은 일자리를 없앤 반면 질 나쁜 일자리만 양산한 꼴이 됐다. 또한 고용시장이 경직되면서 정규직 대신 비정규직을 채용하는 이전효과(spill-over effect)를 부추겼다. 일자리 정부를 자임한 문재인 정권이 경제의 기본원리을 외면한 채 시장을 거스르는 소득주도성장을 밀어붙이다 시장으로부터 호된 반격을 당한 셈이다.

비정규직 급증

통계청이 발표한 '경제활동인구 조사 근로형태별 부가조사 결과'에 따르면 2019년 8월 기준으로 비정규직은 전년 대비 86만 7000명 증가한 748만 1000명으로 집계됐다. 비정규직 규모가 700만 명을 넘은 것은 관련 조사를 시작한 2003년 이후 처음이다. 비정규직 증가폭은 매년 전년 대비 10만 명을 웃돌다가 문재인 정부가 출범한 2017년 8월 9만 7000명으로 떨어진 뒤 2018년 8월에는 3만 6000명까지 급감했다. 그런데 2019년 들어 갑자기 치솟은 것이다. 임금근로자 가운데 비정규직 비중도 36.4%로 12년 만에 최대치를 기록했다. 정부의 친노동 정책에 고용시장이 역효과를 보인 것이다.

정부는 비정규직 증가의 주요 원인으로 통계 방법의 변경을 들고 있다. 2019년 조사부터 플랫폼 근로자 등 새로운 형태의 비정규직을 솎아낼 수 있도록 병행조사를 실시했다는 변명이다. 이런 뜻하지 않은 결과에 통계청장, 기획재정부 차관, 고용노동부 차관까지 나와 브리핑을 갖고 해명에 나섰다. ILO 통계 기준이 바뀌어 정규직으로 분류됐던 기간제 근로자 35만~50만 명이 비정규직으로 잡힌 게 비정규직 급등의 핵심요인이라고 설명했다. 그러나 최대 50만 명이라는 변수를 빼도 비정규직 증가수는 36만 7000명에 달한다. 비정규직의 급격한 증가는 정책 실패 외에는 설명할 길이 없다. 정부는 비정규직의 정규직화에 앞장섰지만 공공부문에까지 비정규직이 늘었다. 공공행정, 국방 및 사회보장행정 부문의 비정규직 증가수는 4만 2000명이다. 비정규직의 증가는 정규직 감소로 이어졌다. 정규직 근로자 수는 1307만 8000명으로 전년(1343만 1000명)보다 35만 3000명 줄었다. 정규직 감소는 15년 만에 처음이다.

고용의 질적 저하는 이뿐만이 아니다. 제조업 양질의 일자리가 18개월 연속 내리막길을 걸었다. 기업의 허리 역할을 하는 30~40대 일자리도 24개월 연속 줄어들었다. 주 36시간 이상 일하는 풀타임 일자리는 2년 새 무려 118만 개나 사라졌다. 괜찮은 일자리(decent job)가 끝도 없이 증발하고 있는 것이다.

자영업자의 어려움도 고용지표로 실감할 수 있다. 통계청의 '2019년 8월 비임금근로 및 비경제활동인구 부가조사 결과'에 따르면 '고용원 있는' 자영업자는 153만 5000명으로 1년 전보다 11만 6000명 줄었다. 외환위기 때인 1998년 8월 29만 6000명이 준 이후 최대 감소폭이다. 일할 능력이 있는데도 '그냥 쉬는' 비경제활동인구는 1년 새 15만 8000명이나 늘었다. 이들 통계는 국민의 삶이 얼마나 팍팍해졌는지를 대변해 준다. 자영업은 우리 경제의 완충지대 역할을 해왔다. 경제가 어려워질 때마다 구조조정으로 밀려난 직장인들은 자영업으로 생계를 이어간다.

최저임금의 급격한 인상으로 인건비 부담이 커지면서 자영업자와 영세중소기업인들은 단시간근로자를 선호하고 있다. 자유한국당 추경호 의원실이 2015년부터 2019년 10월을 기준으로 당해 연도 취업자를 주당 취업 시간별로 분석한 결과에 따르면, 문재인 정부 출범 이후 2년 (2017~2019년) 동안 주 30시간 이하 취업자는 148만 7082명에서 198만 1236명으로 33.2%(49만 4154명) 늘었다. 반시장 정책 탓에 하루 6시간 이하 일하는 질 낮은 일자리가 양산된 셈이다.

소득주도성장의 역효과에 다급해진 문재인 정부는 과도한 재정투입을 통해 고령자 중심의 일자리창출에 나서고 있다. 괜찮은 일자리가 사라지면서 세금으로 만든 하찮은 일자리(dead-end job)만 대거 늘어났다. 2019년 상반기(1~6월)에 증가한 월평균 일자리 20만 7000개 가운데 99.3%(20만 5500개)가 65세 이상 노인 일자리다. 반면 생산가능인구인 15~64세 일자리는 1500개 늘어나는데 그쳤다. 전체의 1%에도 못 미친다. 늘어난 노인 일자리 20만 개도 절반은 정부가 세금을 풀어 만든 하찮은 일자리들이다. 꽁초 줍기, 농촌 비닐 걷기 같은 월 27만 원짜리 노인 단기 일자리다. 나머지 노인 일자리 10만 개는 생계형 일자리다. 퇴직 후 생계가 어려워 취업 전선에 뛰어들어 생긴 일자리다.

양극화 심화

양극화도 심화되고 있다. 통계청의 2018년 4분기 가계동향조사에 따르면 우리나라 소득계층 하위 20%의 소득이 1년 전보다 17.7%나 줄었다. 관련 통계를 작성한 2003년 이래 가장 큰 폭의 하락이다. 소득 중에서도 근로소득이 36.8%나 줄었는데 이는 가족 중 일하는 사람이 줄었기 때문이다. 반면 소득 상위계층 20%의 수입은 전년보다 10.4% 증가했다. 상위 20%의 소득을 하위 20%의 소득으로 나눈 소득 5분위 배율도 5.47배로 4분기 기준 역대 최악의 불균형을 나타냈다. 문재인 정부가 소득주도성장, 포용성장을 내세우며 소득 양극화 해소에 초점을 맞춰왔는데 오히려 양극화 현상이 심화된 것이다. 하위계층의 가계소득 감소 요인으로 고령화, 가구원 감소 등 인구구조 변화와 단순업무의 자동화 등 산업구조의 변화가 주로 꼽힌다. 하지만 2018년 하위계층 소득의 양극화 심화는 최저임금의 급격한 인상에 따른 일자리 감소에 큰 영향을 받은 것이다. 결국 비정규직 급증과 양극화 심화는 친노동 정책과 소득주도성장 정책이 시장으로부터 공격을 당한 셈이다.

경직된 한국의 고용시장은 국가경쟁력에 걸림돌로 작용한다. 세계경제포럼(WEF)이 발표한 '2019년 국가경쟁력 평가 결과'에 따르면 한국 노동시장의 유연성을 나타내는 '고용 및 해고 관행'은 전년보다 15단계나

한국 노동부문 국가경쟁력

	2018년		2019년
노동시장	48위	⟶	51위
고용·해고 유연성	87위	⟶	102위
정리해고비용	114위	⟶	116위
노사협력	124위	⟶	130위
임금결정 유연성	63위	⟶	84위

(자료:WEF)

떨어진 102위에 올랐다. 정리해고 비용 역시 114위에서 116위로 2단계 추락했다. 전체 노동시장 부문 경쟁력은 3단계 낮아진 51위를 기록했다. 특히 노사관계 협력 수준은 전년보다 6단계 하락한 130위에 올라 조사대상국 141개국 가운데 최하위를 면치 못했다.

이러한 노동시장 부문의 경쟁력 약화는 친노동, 반시장 정책으로 일관하는 정부의 포퓰리즘 정책에 영향을 받은 탓이 큰 것으로 보인다. 문재인 정부는 전임 정부가 노동시장 유연화를 위해 시행한 '쉬운 해고'와 '취업규칙 변경 완화' 등 양대 지침과 공공기관의 성과연봉제도 폐기했다. 우리 경제에 활력을 불어넣고 양질의 일자리를 창출하기 위해선 경직적인 노동시장을 유연화하고 소득주도성장 정책에 대한 과감한 손질이 필요한데도 말이다.

최저임금 1만 원의
무모함

문재인 대통령은 19대 대선 때 '2020년 최저임금 1만 원'을 공약했다. 이는 취임 첫해인 2017년에 6470원(시급)인 최저임금을 연평균 16%씩, 3년 동안 54.6%를 인상해야 가능한 목표다. 최저임금위원회는 문 대통령의 뜻을 받들어(?) 2017년 7월 결정된 2018년도 최저임금을 16.4%나 올렸다. 이후 2년 동안 16% 이상씩 올리면 최저임금 1만 원 달성은 가능했다. 하지만 '최저임금 1만 원'으로 가는 길은 순탄치 않았다. 무엇보다 급격한 최저임금인상에 경제가 타격을 받았고 현장의 영세 자영업자와 중소기업주들의 불만도 거세게 터져나왔기 때문이다.

당시 최저임금위원회의 좌장을 맡은 어수봉 위원장조차도 최저임금 결정 직후 가진 언론과의 인터뷰에서 "급격한 최저임금인상으로 인해 경제가 악영향을 받을 것"이라며 "최저임금인상을 지지하는 경제학자이지

연도별 최저임금인상률 추이

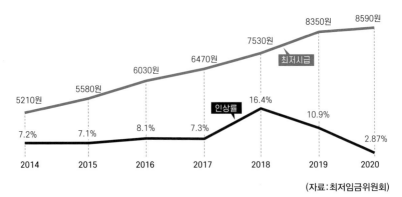

8350원 8590원

7530원

6470원

6030원

5580원

5210원

최저시급

16.4%

인상률

10.9%

8.1%   7.3%

7.2%   7.1%   2.87%

2014   2015   2016   2017   2018   2019   2020

(자료:최저임금위원회)

만 대선 공약(최저임금 1만 원)이 현실과 동떨어져 있다"고 비판의 날을 세웠다. 최저임금위원회 책임자가 유체이탈화법으로 고율의 최저임금인상이 문제가 있다는 점을 지적한 것이다. OECD도 문재인 대통령의 '최저임금 1만 원' 공약에 대해 "OECD 국가 가운데 유례가 없는 수준으로 그 영향을 예측하기 어렵다"고 평가했다. OECD는 "생산성이 뒤따르지 않는 최저임금인상이 물가를 목표치 이상으로 상승시키고 한국의 국제 경쟁력에 타격을 입힐 것"이라고 경고했다.

과도한 최저임금인상에 대한 부정적 여론이 거세지면서 최저임금 1만 원을 향한 문 대통령의 열정(?)은 식어갔다. 2018년 7월 결정한 2019년도의 최저임금은 10.9% 인상에 그쳤다. 그럼에도 2018년도와 2019년도 2년간 인상률은 29.1%에 달했다. 1년 전 최저임금의 급격한 인상으로 가뜩이나 어려움을 겪던 자영업자와 중소기업인들의 가슴에 대못을 박은 격이었다. '2020년 1만 원' 달성을 위해선 최소한 16%를 인상해야 했

노조공화국

106

지만 문재인 정부는 말도 꺼낼 수 없는 상황이 됐다. '대선공약'은 물 건너 간 셈이었다. 문 대통령은 2019년도 최저임금이 결정된 뒤 "대선공약을 지킬 수 없게 돼 미안하다"고 국민들한테 머리를 숙였다. '최저임금 1만 원' 달성을 위해선 2020년도 최저임금을 19.8%(1650원) 올려야 가능했지만 우리 경제가 감당하기에는 불가능한 인상치였다.

고공행진을 거듭하던 최저임금인상률은 문 대통령 3년 차에 들면서 급전직하했다. 2019년 7월에 결정된 2020년도 최저임금은 2.87%(시급 8590원) 인상에 그쳤다. 이는 역대 3번째로 낮은 인상률이다. 외환위기를 맞은 1997년(1998년 9월~1999년 8월 적용) 2.7%로 가장 낮았고, 금융위기 때인 2009년(2010년 적용) 2.75%를 기록했다. 최저임금인상률의 급강하는 지난 2년간 치솟은 최저임금으로 인해 민생경제가 타격을 받은데 따른 것이다. 현장에선 "기업 해먹기 힘들다"는 푸념의 목소리가 높았고, "누구를 위한 최저임금인상이냐"는 비판도 터져나왔다. 경영난이 심화된 자영업자와 중소기업들은 직원들을 내보냈다.

임금수준이 높은 대기업들도 최저임금인상으로 인한 충격의 화살을 비켜 나가지 못했다. 평균 연봉이 1억 원에 육박하는 현대자동차 같은 대기업도 최저임금 적용 대상자가 전체 직원의 10%인 6800여 명에 달할 정도였다. 해마다 기본급의 750%에 해당하는 상여금이 격월로 나눠 지급돼 최저임금 산입 범위에 포함되지 않았기 때문이다. 현대차는 2019년 노사협상에서 격월로 지급하던 상여금 일부(기본급의 600%)를 매월 나눠 통상임금에 포함시켜 최저임금 문제를 해소했지만 아직도 많은 고임금 대기업들이 최저임금법 위반을 걱정하고 있다.

최저임금인상이 양극화 해소에 도움이 된다는 좌파학자들의 주장은 설득력이 없다. 임금의 하한선인 최저임금을 올리고 상한선을 규제하지 않을 경우 연공급 임금체계인 우리나라 근로자들의 임금은 근무연수에 따라 도미노 식으로 줄줄이 오르기 때문이다. 기업의 생산성이 뒷받침되지 않은 임금인상은 인플레이션만 자극할 뿐 양극화 해소에 전혀 도움이 되지 않는다. 양극화 해소를 위해선 스웨덴에서 1950년대 후반에서 1980년대 초반까지 시행했던 연대임금 같은 방식으로 시행할 때 가능하다. 연대임금은 영세중소기업의 임금 하한선을 높이고 발렌베리 그룹 같은 대기업 노동자의 임금은 깎거나 동결시키는 제도로 양극화 해소에 약효가 있다.

우리나라의 최저임금수준은 전세계 최고의 수준이다. 2016년 OECD 27개국 가운데 14위에 달했던 최저임금수준(1인당 국민총소득(GNI) 대비)이 2018년 7위로 껑충 뛰어올랐다. 주휴수당까지 합하면 최저임금은 1만 30원으로 오르게 돼 GNI 대비 OECD 국가 중 가장 높은 것으로 한국경제연구원은 분석했다.

문 대통령의 '최저임금 1만 원' 공약은 국민들에게 노동자의 소득을 높이는 멋진 약속으로 비춰졌을 것이다. 하지만 국민 경제에 미치는 타격을 고려하지 않은 공약 이행은 무책임하기 짝이 없다. 정치인들은 자기 주머니에서 지급하는 게 아니어서인지 기업의 지불능력이 되든 말든, 기업이 망하든 말든, 일단 저지르고 본다. 19대 대선 때 대선후보들은 좌파, 우파 할 것 없이 '최저임금 1만 원'을 경쟁적으로 들고 나왔다. 우파 후보들이 달성시기를 다소 늦춘 공약을 내세웠지만 기업들이 부담을 갖기는 마찬가지였다. 문제는 대통령에 당선된 뒤에도 현실성이 떨어지는 '최저임금 1만 원' 공약을 고집함으로써 국민 경제에 많은 고통을 주고 있다는 점이다. 과도한 최저임금인상을 정책수단으로 한 소득주도성장은 J노믹스의 핵심이었지만 이제 국민 대다수가 '저주'하는 천덕꾸러기로 전락했다. 표를 의식한 포퓰리즘보다 국민의 삶을 먼저 생각하는 실용주의 경제 정책을 펼쳤으면 하는 바람이 절실하다.

최저임금 이렇게 풀자

경제협력개발기구(OECD) 국가 가운데 최저임금 적용대상 비율을 나타내는 최저임금 영향률은 25%로 우리나라가 가장 높다. 선진국들은 우리보다 크게 낮다. 미국은 2.7%로 100명 중 2~3명이 대상자이고 프랑스(10.6%)와 일본(11.8%)은 우리에 비해 절반도 되지 않는다. 문제는 최저임금 적용대상이 많은데도 불구, 최저임금을 지불하지 못하는 기업들이 많다는 데 있다. 최저임금 미준수율은 2019년 8월 기준 16.5%(338만 4000명)로 사상 최고수준이다. 이는 자유한국당 추경호 의원실에서 통계청 경제활동인구 부가조사자료를 분석한 결과로 OECD 평균의 3배를 넘는 수준이다. 최저임금을 못 지킬 경우 3년 이하의 징역 또는 2000만 원 이하의 벌금에 처해지지만 최저임금 미준수율은 높아만 간다. 기업의 지불능력은 감안하지 않고 과도하게 최저임금을 올린 탓이다.

이제 우리나라도 선진국에서처럼 기업의 지불능력을 감안해 지역별·업종별·규모별·연령별로 최저임금 차등적용을 검토할 필요가 있다. 현행 단일 최저임금제로는 높은 최저임금수준에 대한 기업들의 부담을 해소하는데 한계가 있다. 최저임금위원회에서는 최저임금제도 개선을 위해 업종·규모별 차등적용과 주휴수당 제외, 외국인 노동자 최저임금 적용 문제 등을 주요 의제로 논의 중이다. 생산성과 경제규모가 서로 다른 지역별 업종별 규모별로 최저임금을 차등적용하는 게 적정한지를 검토하기 위해서다. 하지만 모든 부문에 차등적용을 한다고 해서 효율적일 수는 없다. 우리 경제현실을 어느 정도 반영하면서도 사회비용을 최소화할 수 있는 제도가 필요하다.

지역별 차등적용은 최저임금을 웬만큼 정치하게 분류하지 않고서는 지역 근로자들의 반발만 부추길 수 있다. 지방 중소도시나 농어촌 지역은 서울 등 대도시에 비해 물가 수준이 낮아 생계비가 적게 들고 1인당 국내총생산(GDP)도 낮다. 그럼에도 전국의 모든 지역과 기업에 단일 최저임금을 적용하는 것은 지방 영세중소기업의 인건비 부담을 가중시킬 뿐 아니라 국가의 균형 발전에도 부정적 영향을 미친다. 1인당 GDP가 높은 울산, 서울 지역과 상대적으로 낮은 강원, 전북, 전남 등에 대해 최저임금을 차등적용했다고 치자. 아마도 낮게 결정된 강원, 전북, 전남지역 노조원들이 지역차별을 들먹이며 크게 반발할 것이다. 단일 최저임금의 인상률 결정도 많은 시간이 소요되는데 지역별 차등을 둔다면 엄청난 사회적 비용만 우려된다.

업종별 차등적용도 필요한지 의문이 든다. 우리나라처럼 노사갈등이 심한 상황에서 업종별 생산성 등을 감안해 최저임금을 차등 결정할 경우 낮은 수준으로 결정된 업종 노동자들의 반발도 만만치 않을 것이다. 업종별 산업별 최저임금은 국가에서 정해주는 것보다 독일처럼 산별노사의 자율에 맡기는 편이 나을 것이다.

기업 규모별 차등적용은 자영업과 영세중소기업 비율이 높은 우리나라의 산업구조로 볼 때 현실적으로 가장 필요한 정책방향으로 판단된다. 소상공인들도 지불능력이 부족한 소규모 기업에 대해 차등적용할 것을 요구하고 있다. 2018년 최저임금위 조사에 따르면 최저임금의 직접적인 영향을 받는 근로자의 97.9%가 300인 미만 기업에 속한 것으로 조사됐다. 이 가운데 81.9%는 30인 미만 영세 소기업에서 근무하고 있다. 최저임금 영향을 받는 기업의 대부분이 30인 미만 기업이란 얘기이다. 이렇게 볼 때 30인을 기준으로 하든지, 더 세분화시켜 10인을 기준으로 하든지 경영난을 겪는 소규모 기업에 차등적용하는 게 필요하다는 생각이다.

연령별 차등적용은 편의점 등 영세자영업자에게 절실한 방식이다. 업무 숙련도와 생산성이 낮은 젊은층에 최저임금을 차등적용하는 것이다.

이와 함께 생산성이 낮은 고령층과 미숙련 청년층도 최저임금 차등대상으로 검토해 볼 필요가 있다. 영국은 25세 미만 청년과 수습인력에 대해선 최저임금을 차등적용한다. 프랑스는 고용된 분야에서 6개월 미만의 경력을 보유한 18세 미만 근로자에 대해 최저임금을 감액할 수 있다. 17세 이상 18세 미만이면 최대 10%까지 감액이 보장된다. 17세 미만은 20%까지 감액된다. 기술 숙련 정도에 따라 최저임금이 달리 적용되는 것이다.

주휴수당의 최저임금 산입문제도 논란거리다. 주휴수당이란 개념을 가진 나라는 스페인, 터키, 멕시코, 브라질, 대만, 콜롬비아, 인도네시아, 태국 등 8개국이다. 대부분 중진국 또는 저개발국이다. 국민소득 3만 달러인 한국이 이런 나라들과 함께 주휴수당을 인정하고 있다는 게 특이할 뿐이다. 주휴수당은 통상임금과 연결되면서 문제가 더욱 복잡해진다. 문제의 본질은 통상임금 산정방식이어서 이를 개선하는 방식으로 접근해야지, 유급 주휴수당 폐지 쪽으로 해결하려는 방안은 노동계의 반발만 불러일으킬 뿐 문제해결에는 도움이 안 된다.

최저임금위원회 위원구성도 공정성을 기할 필요가 있다. 최저임금위는 매년 6~7월 노·사·공익 대표(각 9명씩 총 27명)의 논의를 통해 최저임금을 결정한다. 현행 제도에선 캐스팅보트 역할을 하는 공익위원은 전원 정부가 추천한다. 최저임금이 정권 입맛에 따라 결정되기 쉬운 구조다.

문재인 정부 들어 기업들이 감내하기 힘든 수준인 두 자릿수의 임금인상을 잇따라 결정한 것도 친정부, 친노동계 성향의 공익위원들로 채워진 탓이 크다. 정부는 공익위원 일부 추천권을 노사나 국회에 넘겨 편향성의 문제점을 해소하려는 것 같다. 또한 노사가 서로 거부하는 강성인사의 위원 선정을 배제함으로써 어느 한편으로의 쏠림현상을 막겠다는 방침도 세운 것으로 알려졌다. 하지만 공익위원들은 정부에서 선정하는 게 맞다고 본다. 정부는 고용노동전문가 인재풀을 확보하고 있고 공정한 조정자이자 중재자 역할을 수행해왔다. 조금만 신경 쓰면 균형 잡힌 인사들로 공익위원들을 구성할 수 있다. 이것을 국회나 노사당사자한테 맡기려는 것은 책임을 회피하려는 의도로밖에 볼 수 없다.

최저임금 결정방식도 노사 모두의 관심사다. 정부는 현재 최저임금위원회에서 결정하던 방식을 최저임금 구간설정위원회와 최저임금 결정위원회로 이원화한다는 방침이다. 먼저 전문가인 공익위원들로만 꾸려진 구간설정위가 최저임금 상·하한선을 결정하면, 노사공익위원으로 구성된 결정위가 이 범위 내에서 최저임금을 정하겠다는 것이다. 이러한 방식은 노사갈등만 중층적으로 증폭시킬 뿐이다. 결정구조가 이원화된다고 노동계와 경영계의 이견이 좁혀지는 것도 아니고 청와대와 노동계의 과도한 인상 압박이 없어지는 것도 아니다. 현행 최저임금위에서 결정하는 게 그나마 사회적 비용 손실을 조금이나마 줄일 수 있을 것이다.

최저임금 산입범위는 어느 정도 정비가 된 상태다. 많은 기업이 외국인 근로자에게 숙식 관련 수당 및 현물급여를 지급하고 있지만 최저임금에는 산입되지 않아 가뜩이나 어려운 영세중소기업의 부담을 가중시킨다. 산입범위에 대한 문제점이 부각되면서 우리나라도 2019년부터 최저임금법 위반 여부를 따지는 산입범위에 상여금과 각종 복리후생비를 포함시켜 기업의 숨통을 틔워주고 있다. 2019년 최저임금 월 173만 원(10% 인상 가정)을 기준으로 25%(약 43만 원)를 초과하는 상여금과 7%(약 12만 원) 넘는 복리후생비를 최저임금에 산입키로 했다. 복리후생비 등의 최저임금 인정 비율은 해마다 늘어 2024년엔 전액이 최저임금 산정기준에 포함된다. 영국, 네덜란드, 프랑스 등 주요 선진국들은 상여금과 숙식비에 팁까지 최저임금 산입범위에 포함시키고 있다.

선진국의 최저임금

선진국들의 최저임금 결정과 수준은 천차만별이다. 미국의 최저임금은 연방정부와 주정부가 제각기 결정한다. 2019년 현재 연방 최저임금은 7.25달러이다. 2009년 이후 10년 넘게 동결돼 있다. 연방 최저임금과 별도로 주정부도 주별 주민투표나 주의회 결정으로 최저임금인상을 결정한다. 2019년 들어 최저임금인상 폭이 가장 큰 곳은 뉴욕주로 10.40달러에서 15달러로 44% 넘게 인상됐다. 시애틀과 샌프란시스코 등 13개 도시와 카운티(자치구)도 최저임금을 15달러 이상으로 책정했다. 시애틀은 최저임금이 많이 인상되면서 실업률도 덩달아 오른 것으로 외신은 보도하고 있다. 캘리포니아주의 경우 근로자 26명 이상 사업장은 시간당 11달러에서 12달러로 1달러 인상했다. 뉴욕주에 비해 3달러나 적다.

미주리주에서는 주 의회가 최저임금을 인상하지 않자 주민들이 주민투표로 최저임금인상률을 통과시켰다. 미주리주 최저임금은 7.85달러에서 8.60달러로 인상됐고, 향후 5년에 걸쳐 12달러로 3.4달러(39.5%) 인상키로 했다. 2019년 최저임금을 인상한 미국 19개 주 중 6개 주가 주민투표를 통해 결정했다.

미국의 전체적인 최저임금수준은 한국과 비교해볼 때 그리 높지 않다. 소득수준이 중위권인 위스콘신, 미주리 등 30여 개 주의 최저임금은 아직도 10달러에도 못 미치고 있다. 보수적인 성향이 강하고 노조활동이 미미한 테네시, 루이지애나, 미시시피, 앨라배마 등 남부지방 주들은 아예 최저임금제도가 없다. 미국 대부분 주의 1인당 GDP는 6만 달러를 넘는다. 우리나라 3만 달러보다 2배 이상 많다. 2019년 우리나라의 최저임금은 주휴수당까지 합해 시간당 1만 30원으로 국민소득을 감안하지 않더라도 미국의 많은 주들보다 앞선다.

흥미로운 것은 최저임금이 낮거나 아예 없는 사우스캐롤라이나, 조지아, 앨라배마 등에 외국자본들의 투자가 많이 이뤄지고 있다는 점이다. 앨라배마와 조지아주에는 현대자동차·기아자동차, 혼다·닛산·마쓰다, 벤츠·BMW 등 외국 자동차공장들이 진출해 있다. 이들 주정부는 낮은 인건비를 통한 외국기업 유치로 일자리창출과 경제활성화에 나서고 있다.

일본도 소득수준에 비해 최저임금은 높은 편이 아니다. 일본은 지방행정의 기초인 47개 도도부현(都道府縣) 별로 경제수준에 맞춰 최저임금을 차등적용한다. 도쿄도가 2019년 시간당 985엔으로 가장 높고 규슈지방의 가고시마현이 761엔으로 가장 낮다. 최저임금 평균은 874엔(8831원)이다. 일본에 없는 주휴수당까지 감안하면 한국의 최저임금은 1인당 국민소득이 우리보다 1만 달러나 더 많은 일본을 훌쩍 넘어선다. 일본은 지역별 최저임금을 바탕으로 '특정 최저임금'으로 불리는 업종별 최저임금을 추가 적용한다.

최저임금을 대폭 인상하는 나라들도 줄을 잇는다. 뉴질랜드 정부는 2019년 4월부터 최저임금을 현행 시간당 16.5뉴질랜드달러에서 17.7뉴질랜드달러(약 1만 3700원)로 7.3% 인상했다. 보통 50센트씩 올랐던 것과 비교하면 큰 폭의 인상이다. 뉴질랜드는 2021년까지 최저임금을 20뉴질랜드달러까지 인상할 계획이다. 스페인은 2019년 최저임금을 무려 22%나 인상했다. 40년 만의 최대 인상폭이다. 스페인의 월 최저임금은 1050유로(약 135만 원)다. '노란조끼' 시위의 홍역을 치른 프랑스의 에마뉘엘 마크롱 대통령은 월 100유로(약 12만 8000원)의 최저임금인상을 약속했다. 현재 프랑스의 월 최저임금은 세전 1498유로(약 192만 원)다. 호주는 2019년 7월 최저임금을 시간당 1만 5710원(19.49호주달러)으로 3% 인상했다. 호주는 OECD 32개국 중 최저임금이 가장 높은 나라로 꼽힌다.

스웨덴 연대임금과
양극화 해소

2018년 12월 니어(NEAR)재단 주최 토론회에서 노무현 정부 시절 고용노동부 장관을 지낸 김대환 인하대 명예교수가 "현재 경제와 고용 위기는 어설픈 진보와 개념 없는 정책의 합작품"이라며 문 정권의 소득주도성장 정책을 비판했다. 그러자 토론자로 참석한 배규식 한국노동연구원장은 "우리 노동시장의 이중구조가 심각하다"며 "이를 줄이기 위해선 최저임금을 올려야 한다"고 주장했다. 양극화 해소를 위해 소득주도성장 정책인 최저임금인상이 필요하다는 얘기이다. 배 원장처럼 최저임금인상이 양극화 해소에 도움이 된다고 믿는 좌파학자들이 의외로 많다. 이들은 최저임금인상을 통해 노동자 전체의 임금수준을 높이는 한편 산별노조체제로의 전환을 통해 '동일노동 동일임금'을 구현함으로써 임금격차가 해소될 것으로 기대한다. 그러나 우리나라처럼 대기업 정규직 노동자들이 집단이기주의에 빠져 있는 한 임금격차 해소는 불가능하다.

문 정부가 진정 양극화 해소를 바란다면 대기업의 임금을 억제 또는 삭감하고 중소영세업체의 임금을 많이 올렸던 스웨덴의 연대임금 정책을 벤치마킹했으면 한다. 1956년에 도입해 1983년 막을 내린 스웨덴의 '연대임금 정책'은 문재인 정부의 소득주도성장 정책과는 내용이나 방향 면에서 다르지만 저임금근로자의 임금수준을 과도하게 올렸다는 점에서 문재인 정부의 경제 정책과 유사한 점이 있다. 연대임금은 기업의 수익성이나 업종, 기업 규모에 상관없이 '동일노동에 대해 동일임금(equal pay for equal work)'을 지급하도록 함으로써 노동자 간 임금격차를 없애고 노동자연대의식을 높이자는 취지에서 시행된 평등주의적 임금 정책이다. 저임금근로자의 임금을 높이고 고임금근로자의 임금은 삭감 또는 억제하자는 게 연대임금의 핵심이다. 스웨덴 정부가 아닌 스웨덴 노총(LO)의 제안으로 시행되었다. 고임금근로자의 임금 억제 방안을 노동단체에서 먼저 제시했다는 게 흥미롭다. 고임금을 받는 대기업 노조가 더 많은 임금을 받기위해 매년 파업을 벌이는 우리나라 노동운동 현실에서는 기대하기 어려운 일이다.

스웨덴의 연대임금 정책은 단순한 임금 정책을 넘어 산업정책의 일환이었다는 점에서 다른 나라 노조의 산별교섭을 통한 연대임금 추구와도 차이점이 있다고 할 수 있다. 연대임금 정책 시행 이후 스웨덴에서는 지불능력이 부족한 수익성 낮은 기업들은 산업합리화 차원에서 퇴출된 반면, 고수익 성장산업 대기업들은 임금지불 부담이 줄어들면서 안정적인 노동력 확보와 투자활성화 등을 통해 경제성장과 일자리창출을 이끌었다. 스웨덴의 연대임금 정책은 여기에서 그치지 않았다. 동일노동 동일임금으로 노동자 간 임금격차가 크게 해소되지 않자 1960년대 중반 이후에는 '모든 노동 동일임금(equal pay for all work)' 정책으로 연대강화를 꾀했다. 다시 말해 택시기사나 대기업 기술자 할 것 없이 모든 노동자는 동일임금을 받자는 제도다.

스웨덴은 당시 노조조직률이 80%대에 달하는데다 민간경제의 상당부분을 차지하는 발렌베리그룹이 있어 노사 간 연대임금 합의과정이 다른 나라에 비해 간결한 편이었다. 그럼에도 불구하고 임금체계가 다른 화이트칼라 노조와 블루칼라 노조가 동일 임금에 합의해야 했고, 고수익 수출 대기업 노동자들의 합의를 이끌어야 했기에 연대임금 정책 합의까지에는 험난한 과정을 거쳤다.

스웨덴은 연대임금을 시작할 때 사민당 정부였는데도 대기업의 경쟁력과 효율성을 극대화하는 시장 친화적인 평등정책으로 접근했다. 한계기업의 퇴출, 해고의 폭넓은 인정과 노동유연성의 확보, 성장을 가로막는 규제의 철폐, 낮은 수준의 법인세 유지, 긴축재정을 통한 물가 안정 정책 등이 동원됐다. 문재인 정부가 양극화 해소를 강조하면서도 정책은 어설프게 반시장, 친노동적으로 접근하는 것을 보면 황당하다는 생각이 든다.

연대임금 정책은 고수익부문, 고숙련공들의 임금양보를 통해 노동자 간 임금격차를 해소하는 긍정적인 효과를 냈다. 그렇지만 임금양보는 기업의 초과이윤, 다시 말해 자본의 소득분배율을 높여 소득과 부의 불평등을 유발시켰다. 따라서 연대임금을 추구하면서 증대되는 고수익사업장의 자본가 이익을 어떻게 처리할 것인가가 사회적 이슈로 떠올랐다. 1975~1983년 8년 동안 스웨덴 사회 전체를 뜨겁게 달군 임금노동자기금 논쟁이 바로 그것이다. 1983년 연대임금이 실질적으로 와해되자 기업이윤의 일정비율을 기금으로 출자해 노사가 공동으로 관리하는 임금노동자기금이 설치됐다. 임금노동자기금의 목적은 부의 재분배다. 고임금근로자에게 귀속되었어야 할 부분인 초과수익을 기금으로 흡수함으로써 고임금근로자의 불만을 해소하고 연대임금 정책을 훼손하는 문제도 해결한다는 것이었다. 임금노동자기금 정책 중 기업 소유 자산의 사회화라는 급진적 내용이 완전히 제거됐다. 하지만 1991년 우파정당 집권 뒤 임금노동자기금제도는 완전히 해체됐다.

연대임금 정책 아래에서는 고수익 대기업의 임금지급액은 수익에 비해 적기 때문에 초과이윤이 적지 않게 발생한다. 수출 대기업 노동자들에 적용하는 추가임금인상(wage drift)을 적용해도 초과이윤 배분문제가 남는다. 추가임금인상제도는 기업수준에서 최종적으로 확정된 임금상승률이 중앙단체교섭이나 산업별 단체교섭에서 정한 상승률보다 높게 주는 것을 말한다. 대기업 노동자들의 불만을 잠재우기 위해 도입됐지만 경제의 글로벌화 등에 영향을 받아 산업간 임금상승 경쟁과 임금격차 확대, 물가상승 등으로 이어져 연대임금제의 기반을 와해시키는 요인으로 작용했다.

스웨덴의 연대임금이 그나마 20~30년간이라도 지속될 수 있었던 건

고임금 사업장의 임금억제가 큰 역할을 했다. 발렌베리와 같은 경영실적이 좋은 고임금 대기업의 노조들이 임금억제를 받아들이면서 이들 기업은 투자여력이 생겨 공장을 짓거나 새로운 사업에 진출, 저부가가치사업장이나 저임금사업장에서 밀려난 실직자들을 흡수했다. 밑에서 밀려난 돌들을 모아 위에다 쌓는 격이어서 스웨덴 전체의 고용총량에는 변화가 없었다. 홍장표 청와대 전 경제수석 등 소득주도성장을 무리하게 밀어붙였던 청와대 경제팀들은 바로 이 부분을 간과했다. 최저임금의 급격한 상승을 통해 노동소득분배율만 높이면 경제가 살고 양극화가 해소될 것으로 판단했지만 스웨덴처럼 고임금 사업장의 임금억제가 뒷받침되지 않아 오히려 실직자를 양산하고 양극화를 심화시키면서 국가 경제에 엄청난 주름살만 안겨주었다.

우리나라 산업현장에서 대-중소기업 간, 정규직-비정규직 간, 원청-하청 간 임금격차가 벌어진 데에는 대기업 노조의 책임이 어느 정도 있다. 이 때문에 일부 대기업 노조 가운데에는 양극화 해소에 나설 듯이 연대임금전략을 외치는 곳도 있다. 이들의 전략은 하후상박이다. 고임금 사업장의 임금은 적게 올리고 저임금사업장 임금은 높게 올려 격차를 줄이자는 주장이다. 하지만 현장에서 이를 받아들이는 대기업 노동자들은 거의 없다. 대부분의 대기업 노조들은 내 몫은 제대로 받아내고 그 뒤 중소기업이나 협력업체의 임금을 많이 올려주라고 주장한다. 기업들의 지불능력이 뻔한 상황에서 이러한 행태는 연대임금을 하지 말자는 얘기나 다름없다. 더구나 근무 연수가 늘어나면 자동적으로 임금이 많아지는 연공급임금체계인 우리나라에서 최저임금인상을 통한 임금격차 해소는 적절한 해법이 될 수 없다. 대기업 노조들이 진정성 있게 연대임금을 희망한다면 스웨덴의 연대임금처럼 자신들의 임금을 삭감 또는 억제하고 중소영세업체의 임금을 많이 올려주도록 하는 방안을 과감히 채택할 필요가 있다.

노동소득분배 격차 해소를 위해 임금기금안을 도입하자고 주장하는 학자도 있다. 홍장표 전 경제수석은 지난 2007년 민주노총이 주최한 영세중소기업정책토론회에서 임금기금안 도입을 제안했다. 스웨덴 방식을 벤치마킹한 이 제안은 영세중소기업의 경영난 해결을 위해 대기업이 출연한 초과이윤을 기금으로 적립해 이를 비정규직과 하청노동자의 임금보전에 쓰고 교육훈련 재원에 활용하자는 것이다.

우리나라 좌파경제학자들은 최저임금인상을 통해 노동자 전체의 임금수준을 높이고 산별노조체제를 통해 '동일노동 동일임금'을 구현함으로써 임금격차를 해소해야 한다고 주장한다. 동일노동 동일임금은 산업 차원에서 임금의 직무별 표준화를 의미하는데, 이를 통해 대-중소기업 간, 정규직-비정규직 간, 원-하청 간 격차해소가 가능할 수 있다. 하지만 한국의 노동시장은 스웨덴과 같은 연대임금 정책의 도입에 우호적이지 않다. 노동조직의 대표성 문제, 산별교섭의 미발달, 연공급 임금체계, 수출 대기업을 정점으로 수직 계열화된 하청구조와 중소기업의 낮은 생산성 등이 걸림돌로 작용한다. 연대임금이 성공하기 위해선 우선적으로 고임금을 받는 대기업 정규직의 대폭적인 임금 양보가 전제되어야 한다.

또한 상급노동단체에서는 매년 임금협상 때마다 대-중소기업 간, 정규직-비정규직 간에 직무에 따른 하후상박의 임금 가이드라인을 만들 필요가 있다. 물론 전투적 실리주의가 지배하는 한국의 노동운동 현실에서 이같은 제안은 희망사항에 불과할 것이다.

주 52시간제 개혁해야
기업 생존

정부는 중소기업(50명 이상 299명 이하)에 대해 2020년 주 52시간근로제가 적용되더라도 업무량 급증, 연구개발(R&D) 등에 한해선 특별연장근로를 허용키로 했다. 또 중소기업에 1년간 시행 유예기간을 부여해 단속대상에서 제외하기로 했다. 여기에 주 52시간 위반 시 최장 6개월간 시정기간을 부여키로 했다. 중소기업들의 어려운 경영여건을 감안해 사실상 1년 6개월간 주 52시간제 시행을 연기한 것이다. 특별연장근로는 대기업에까지 확대해 탄력적인 인력운영을 가능케 했다. 300인 미만 기업에 대한 주 52시간제 시행을 코앞에 둔 2019년 12월 정부가 부랴부랴 발표한 보완대책이다. 이는 정부가 사전준비 없이 무리하게 밀어붙인 주 52시간제의 부작용을 우려해서 나온 것이다.

근로시간 단축은 생산성이 전제되어야 한다. 선진국들의 경우 근로시간을 단축해 생산성이 높아진 것이 아니고 생산성이 높아졌기에 근로시간을 단축했다는 사실을 알아야 한다. 현대자동차 근로자가 독일의 폭스바겐처럼 주당 30~35시간 일한다고 쏘나타의 품질이 폭스바겐처럼 되는 건 아니다. 생산성이 높아지고 수익을 많이 내야 파이도 많아지고 근로시간도 단축할 수 있다. 정부와 정치권, 그리고 민주노총이 무턱대고 근로시간 단축만 요구한다고 해서 기업의 생산성이 오르고 '저녁이 있는 삶'이 찾아오는 게 아니다. 오히려 생산성이 뒷받침되지 않은 근로시간 단축은 기업의 생산성 하락과 일자리 상실로 이어지고 출근할 데가 없는 '아침 없는 삶'을 강요받을 수 있다.

일본 정부가 근로시간을 유연하게 시행하는 것은 글로벌경쟁력을 고려한 때문이다. 미국, 독일, 프랑스, 영국 등 구미(歐美) 선진국과 벌이는 경제전쟁에서 우위를 점하기 위해선 장시간근로를 해야 생산성을 높일 수 있다고 판단한 것이다. 일본에서도 장시간근로가 사회문제화되자 2018년 근로시간 단축을 단행했다. 하지만 그 내용을 뜯어보면 우리나라와는 정책의 품질이 완전 딴판이다. 무엇보다 일본 정부는 기업들의 생산 피해를 최소화하려고 노력한 흔적을 엿볼 수 있다. 일본의 '일하는 방식 개혁 내용'에 따르면 연장 근로시간은 월간 100시간까지, 연간 720시간까지로 제한된다.

노사가 합의하면 제한 없이 허용하던 근로시간에 상한선을 둔 것이다. 그럼에도 우리나라의 주 52시간근로(월 연장근로 52시간)에 비해 두 배가량 많게 설정됐다. 탄력근로제 단위 기간도 우리나라(3개월)보다 훨씬 긴 1년까지 허용하고 있다. 기업의 생산활동에 되도록 피해가 가지 않도록 하기 위해서다. 일본에선 장시간노동이 많다. 몸으로 때워 생산성을 높이는 것이다. OECD의 공식 자료에 따르면 2015년 기준 일본의 연간 근로시간은 1719시간으로 우리나라(2113시간)보다 394시간 짧다. 하지만 주당 60시간을 초과하는 근로자 수가 일본 전체 임금 근로자의 10%(550만 명) 안팎에 달한다(일본 총무성 자료).

우리나라의 장시간근로는 일본에 비해 적은 편이다. 국회 예산정책처가 작성한 '2016년 6월 고용형태별 근로실태' 자료에 따르면 근로시간 단축 적용이 되는 근로자는 806만 3000명이고 이 중 주 52시간을 초과하는 근로자 비율은 11.8%(95만 5000명)다. 일본이 우리나라보다 장시간근로가 더 성행하고 있음을 알 수 있는 수치이다. 그럼에도 일본의 평균 근로시간이 한국보다 짧은 것은 일본의 파트타임 근로자가 한국보다 많기 때문이다. 실제로 일본의 파트타임 비중이 22.6%인데 비해 한국은 10.6%에 불과하다. 하지만 일본 정부가 발표하는 근로시간이 조작된 것으로 보는 학자도 있다. 평균 근로시간에 서비스 잔업(수당을 안 받고 하는 연장근로)이 포함되지 않았다는 것이다. 일본의 장시간노동전문가인 모리오카 고지는 2006년 평균 서비스 잔업시간 408시간을 합할 경우 EU국가의 평균 근로시간인 1600시간보다 700시간 가까이 많은 2288시간에 달하는 것으로 추산했다. 그는 근로자 1인당 서비스잔업으로 인해 받지 못하는 수당이 연간 53만 9780엔에 달하고 있으며 연장근로를 하지 않는 일본 근로자는 전체의 19%에 불과한 것으로 분석했다.

주 52시간제는 기업들의 생산활동을 가로막고 경쟁력을 옥죄는 커다

란 규제 그물이다. CEO들은 "기업 못해 먹겠다"고 아우성을 친다. 그럼에도 문재인 정부는 뭐가 그리 급했는지 국민들에게 '저녁이 있는 삶'을 '선물'하겠다며 주 52시간제 시행을 단행했다. 정말 무지한 정부가 기업에 해악을 끼치는 정책만 골라서 펼친다는 생각이 든다. 아무튼 정부가 중소기업에 1년의 계도기간을 부여하고 특별연장근로를 대기업에까지 허용키로 함으로써 기업들은 일단 한시름 놓게 됐다.

정부의 조치는 말 그대로 한시적 구제책에 불과하다. 기업들의 업무는 계절에 따라, 경기부침에 따라 늘었다, 줄었다를 되풀이한다. 1년이 경과된다고 근로시간문제가 근본적으로 해결되지 않는다. 주 52시간제 문제는 땜질식 처방보다 근로기준법을 통해 근본적인 해결책을 마련해야 해소될 수 있다.

사실 2018년 7월 대기업을 대상으로 시행된 주 52시간제는 국가권력의 폭거나 다름없다. 연장근로와 휴일근로를 합해 68시간까지 가능했던 주당 총근로 허용시간이 하루아침에 52시간으로 16시간이나 단축된 정책은 세계 어느 나라에서도 유례를 찾기 힘들다. 이는 기업들에 막대한 생산차질을 빚게 하는 반시장 정책이다.

근로시간 단축으로 인한 기업들의 피해는 상상을 초월할 정도다. 만약 자동차부품생산을 하는 종업원 100명의 A사가 근로시간을 주당 68시간에서 52시간으로 16시간(23.5%) 줄였다고 치자. 이 회사가 생산량을 유지하기 위해선 적어도 20명(20%) 이상의 인력을 충원해야 한다. 인력충원 없이 생산설비 교체를 통해 생산성을 올릴 수 있지만 이는 자금력이 있어야 하고 자금력이 있다고 해도 하루아침에 가능한 게 아니다. 결국 기업들은 인력충원에 따른 인건비 상승으로 큰 타격을 받게 된다. 근로자역시 근로시간 감축으로 인해 임금삭감이 불가피해진다. 이렇게 되면 기업의 생산성과 경쟁력이 떨어지고 근로자들의 일자리는 사라지게 된다.

한국에서 장시간근로관행이 유지되어 온 가장 큰 이유는 경기변동에 따른 업무량 증감을 탄력적으로 조정할 수 있었기 때문이다. 대기업들은 인력조정보다는 노동시간의 조정을 통해 시장수요의 부침에 대응해 왔다. 생산에 대한 수요가 증가하면 노동력을 신규채용하지 않고 기존 노동력의 근로시간을 늘림으로써 생산량을 증가시키는 방법을 활용해 왔다. 이는 생산성이 낮고 노사관계가 경직된 우리나라 산업현장에서 기업에 노동비용의 절감과 탄력적인 인력운영을 가능케 했고 근로자들에게는 임금상승의 기회를 부여했다. 또 경기후퇴 시기에는 근로시간 단축을 통해 기업의 인위적인 구조조정을 막으면서 노동자들의 고용안정에도 기여해 왔다. 인력운영의 제도적 완충역할을 해온 것이다.

근로시간 단축은 일과 가정생활이 양립할 수 있는 긍정적인 효과가 있다. 하지만 갑작스러운 근로시간 감축은 많은 부작용을 발생시킨다. 노조의 힘이 세고 고용유연성이 경직돼 있는 한국의 기업문화에서 근로시간 규제는 노동비용을 상승시키고 임금보전을 둘러싼 노사갈등을 유발시킬 수 있다. 2012년 일본 후생노동성을 방문했을 때 만난 근로기준국 조사관은 "일본 정부는 왜 연장근로시간을 법으로 규제하지 않고 노사자율에 맡기느냐"는 필자의 질문에 "기업의 장시간근로는 생산성과 고용을 위한 것인데 왜 정부가 나서서 법으로 강제하느냐"고 반문했다.

미국, 왜 일본에 근로시간 단축 강요했나

1980년대 들어 일본 경제가 호황을 누리며 엄청난 대미 무역흑자를 기록하자 재정과 무역에서 쌍둥이 적자에 허덕이던 미국이 엔화가치를 높이라고 일본에 압력을 가했다. 그래야 일본의 수출경쟁력이 약화돼 무역흑자가 줄어들 수 있다고 판단한 것이다. 1985년 9월 미국, 영국, 프랑스, 독일, 일본 등 G5 재무장관회의가 열려 엔화절상을 내용으로 하는 플라자협약을 맺었다. 당시 1달러당 235엔이던 엔화는 협약체결 1년 만에 120엔으로 두 배 가까이 절상되었고 엔화 강세로 인한 일본수출 경쟁력 약화는 일본 경제 '잃어버린 10년'의 신호탄이 됐다.

그런데 미국은 무역적자 요인으로 엔화가치만 꼽은 게 아니다. 장시간근로도 함께 지목했다. 일본 기업들이 레이버덤핑(labor dumping)을 통해 무역흑자를 내고 있으니 근로시간을 선진국 수준으로 단축하라고 압박했다. 당시 일본 제조업의 연간 근로시간은 2300시간을 넘어 독일, 프랑스보다 600시간 이상, 미국보다도 400시간가량 길었다. 결국 당시 나카소네 정부는 미국의 압력에 무릎을 꿇었다.

일본 후생노동성은 주 48시간인 법정근로시간을 1987년부터 1997년까지 10년간 40시간으로 줄이는 내용으로 노동기준법을 개정, 시행에 들어갔다. 시행 초기에는 실근로시간이 많이 줄었다. 제조업의 경우

1987년 연 2300시간에서 1993년 2100시간으로 200시간이나 감소했다. 그러나 근로시간 단축은 거기서 끝이었다. 그 후 20년간 근로시간은 거의 줄지 않았다. 일본 정부가 기업들의 장시간 노동을 규제하지 않았기 때문이다. 법정근로시간이 줄었어도 연장근로가 늘어나 실근로시간에는 큰 변화가 없었다. 사실 일본의 생산성과 경쟁력은 장시간 노동에서 나왔다. 기술수준이 구미 선진국에 비해 떨어지던 일본은 장시간근로 이외에 생산성을 극복할 수단이 없었다.

우리나라에서는 여·야 할 것 없이 많은 정치인들이 '저녁이 있는 삶'을 외치며 국민들의 인기를 끄느라 여념이 없다. 정치인들은 장시간근로를 개선해 가정과 일이 양립하는 인간다운 삶을 영위하자고 주장한다. 이를 위해 정시퇴근제 도입, 연장·휴일근로 제한 등으로 연간 노동시간을 1800시간까지 단축하겠다는 구체적인 방안까지 제시했다. 어떤 전문가들은 독일, 프랑스, 네덜란드 등이 경쟁력을 갖출 수 있었던 것은 짧은 근로시간 덕분이고 그리스, 멕시코 등의 국가경쟁력이 뒤떨어지는 것은 장시간 노동 탓이란 엉뚱한 분석을 내놓기도 했다. 정말 어처구니없는 주장들이다. 아시아 네 마리 용의 국가경쟁력과 근로시간을 살펴보면 이러한 분석들이 얼마나 황당한지를 알 수 있다.

우리나라 근로시간은 OECD 국가 중 세번째로 길다. 한국은행이 펴낸 해외경제포커스 보고서에 따르면, 한국 근로자의 연간 평균 근로시간은 2017년 기준 2024시간으로 나타났다. OECD에 가입한 37개국 가운데 멕시코(2257시간)와 코스타리카(2179시간)에 이어 세 번째로 긴 시간이다.

OECD 회원국의 평균 근로시간(1759시간)보다도 265시간 더 길다. 하지만 한국의 근로시간은 해마다 감소 추세다. 근로시간이 줄어드는 속도는 다른 OECD국가들보다 훨씬 빠르다. 우리나라의 연간 근로시간은 2001년 2499시간에서 2011년 2090시간으로 10년 동안 409시간이나 감소해 같은 기간 OECD 회원국 평균 감소폭(53시간)보다 7배 이상 줄었다. 이후에도 계속 감소세를 보여 지난 2016년 평균 2071시간까지 하락했으며 2017년에는 2024시간까지 줄어들었다. 이러한 감소세를 보이는데 굳이 정부가 나서서 기업들에게 마치 테러하듯 주당 16시간이나 강제적으로 감축할 필요가 있었는지 의문이다.

IMD(스위스 국제경영개발원)가 2018년 발표한 국가경쟁력 순위에서 홍콩은 전년도 1위에서 2위로 한 단계 내려앉았고, 싱가포르가 3위를, 대만이 17위를 차지했다. 한국은 한참 뒤처진 27위에 올라 있다. IMF가 추산한 2018년도 1인당 GDP도 싱가포르 5만 5231달러, 홍콩 4만 6077달러로 3만 2774달러를 기록한 우리나라보다 훨씬 많다. 대만도 2만 4889달러로 중진국 대열에 올라 있는 나라다. 하지만 싱가포르, 홍콩, 대만 모두 근로시간이 긴 편이다. 이들 나라의 연간 근로시간을 보면 2011년 기준 홍콩 2287시간, 싱가포르 2307시간, 대만 2144시간으로 우리나라 2180시간보다 길거나 비슷했다. 근로시간이 짧아야 국가경쟁력이 높다는 논리는 전혀 앞뒤가 안 맞는다는 점을 확인할 수 있는 대목이다.

탄력근로제 확대가 노동자 혹사라고?

탄력적 근로제 기간 확대가 노동자들을 혹사시키는 제도인가. 민주노총은 탄력근로제 확대는 근로시간 단축의 의미가 퇴색된다며 반대로 일관하고 있다. 하지만 민주노총의 반대투쟁은 억지라는 생각이 든다. 탄력근로시간제는 일정 기간 내에 근로시간을 늘리고 줄이면서 조절하는 제도이다. 근로시간을 일일, 일주일 단위로 엄격하게 지키는 것이 아니라 탄력적으로 근무시간을 조절하는 것을 의미한다. 예컨대 6개월 단위로 탄력근로시간제를 적용할 경우 업무가 폭주하는 3개월 동안에는 58시간 일하고 상대적으로 일감이 적은 나머지 3개월 동안에는 46시간 일해 평균 근로시간을 주당 52시간 이내로 유지하는 것이다. 현행법은 노사의 서면 합의가 있을 경우 3개월 안에서 일하는 시간을 줄이거나 늘려 평균 근로시간을 기준 근로시간에 맞추는 탄력근로제를 실시하고 있다.

계절적 요인에 따라 일감이 갑자기 늘거나 줄어드는 기업들은 근로시간을 탄력적으로 운영할 필요가 있다. 대규모 시설 교체에 몇 개월씩 걸리는 석유화학업체나 주문을 받으면 그 기간 내에 집중적으로 일을 끝마쳐야 하는 게임업체, 아이스크림을 만드는 계절적 제품공장 등은 업종 특성상 집중근로가 석 달 넘게 걸려 탄력근로의 기간연장이 불가피한 상황이다. 근로자 입장에서도 임금수준에 변화가 거의 없고, 저녁이 있는 삶에 큰 지장을 받는 게 아니어서 반대할 이유가 없다. 하지만 민주노총은 무조건 반대부터 한다.

주당 근로시간 한도가 최대 68시간에서 52시간으로 급격히 줄어들면서 기업들의 생산활동이 경직되고 노동자들의 임금이 줄어들자 정부가 기업의 부담을 조금이나마 해소하기 위해 탄력근로시간제 기간확대를 들고 나온 것이다. 그것도 2018년 10월 문재인 대통령과 여야 대표, 정부 각료들이 참석한 첫 여야정국정상설협의체에서 합의가 된 이후 추진됐다. 하지만 민주노총의 반대입장은 요지부동이다. 기업이 망하든 말든, 민주노총은 지도부의 입맛에 맞지 않으면 투쟁의 깃발부터 올린다. 명분이 약한 민주노총의 반대투쟁은 조직의 선명성과 투쟁성을 과시하기 위한 정치투쟁으로 비친다. 노동계는 탄력근로제 기간을 확대하면 특근이 사라져 임금이 줄고 실질 노동시간이 늘어나 근로시간 단축의 의미가 사라진다고 맞서고 있다. 또 탄력근로 단위기간을 확대해 집중 근로시간이 늘어나면 장시간 과로로 인한 건강상 사고가 발생할 수 있다고 주장한다. 배부른 타령을 하는 것이다. 엊그제까지 주당 68시간 하던 근로시간을 52시간으로 단축했는데 '과로' 운운한다는 게 앞뒤가 맞지 않는 억지주장이다. 김명환 민주노총위원장은 "해야 할 일은 하지 않고 하지 말아야 할 일에 몰두하고 있는 문재인 정부를 더 이상 지켜볼 수만 없다. 민주노총의 총파업은 진정한 촛불정신을 계승하기 위한 것"이라는 궤변을 늘어놓았다.

미국, 영국, 일본, 독일, 프랑스 등 대부분의 선진국은 1년 단위의 탄력근로제를 시행하고 있다. 업무 특성에 따라 초과근무를 허용하는 등 예외조항을 둬서 기업이 상황 변화에 대응할 수 있도록 재량권을 주고 있다.

노동개혁 가로막는
사회적 대화

　　많은 정치인들이 사회적 대화를 통
해 노동개혁을 해야 한다고 주장한다. 우리나라 경제가 성장동력을 갖기
위해선 노동개혁이 불가피한 상황인데 이를 실행할 수단으로 사회적 대
화만 한 게 없다는 것이다. 하지만 사회적 대화를 거치는 순간 노동개혁
은 불가능해진다. 노동개혁은 친시장, 반노동 정책을 전제로 하기 때문
에 이해관계가 대립되는 노동계의 동의를 받아내기 어렵다. 영국 대처의
노동개혁, 독일의 하르츠개혁, 프랑스의 마크롱개혁 모두 사회적 합의의
산물이 아니다. 국정운영의 최고책임자가 경제회생과 일자리창출을 위
해 강력한 리더십으로 밀어붙인 결과이다.

　　사회적 대화를 통한 노동개혁은 말처럼 쉬운 게 아니다. 사회적 대화
에 참여하는 노동계나 경영계는 자신들과 이해관계가 엇갈리는 법과 제
도가 의제로 올라오면 부정적 반응을 보일 수밖에 없다. 그런데 노동개

혁을 한다면 개혁의 칼날이 자신을 향할 게 뻔한데 노동계가 반대할 것은 불을 보듯 뻔하다. 노동개혁이 추진된다면 강성인 민주노총은 물론 온건노선을 걷는 한국노총까지도 총파업 대열에 동참할 것이다.

노동계의 집단이기주의 속성 때문에 영국에서는 마거릿 대처가 들어선 이후 산업정책 등을 논의해온 노사정 3자협의기구 국가경제개발위원회(NEDC) 멤버에 영국노총(TUC) 대표들을 배제시켰다. 경제성장이 국가적 과제인 상황에서 노동계가 참석하면 반시장적 주장만 고집해 논의가 제대로 이뤄지지 않기 때문이다. 아예 노동장관이나 경제부 장관이 TUC 위원장을 만나는 것조차 거리를 두도록 했다. 이후 노동당의 토니 블레어 총리가 집권했을 때도 TUC의 국가경제개발위 참여는 거의 이뤄지지 않았다.

노동권력이 센 우리나라에서 노조 지도부는 장관들의 존재를 무시하는 경향이 있다. 대통령이 대화를 요구해도 달가워하는 분위기가 아니다. 자신들이 원하는 요구사항은 투쟁을 통해 관철시켜 온 자신감 때문에 이러한 제의에 큰 흥미를 못 느끼는 것 같다. 막강 파워를 자랑하는 현대자동차 노조는 "내가 필요한 것은 내가 투쟁해 얻는다"는 자신감이 언제나 넘쳐난다. 국내 최고의 임금수준을 자랑하지만 더 많은 임금을 달라고 파업을 벌인다. 10을 요구하면 10을 얻어 내야 직성이 풀리는 노조다. 경제가 어렵다고 해서 고통분담차원에서 한 발짝씩 양보하는 그런 합리적 노조가 아니다. 이런 데서 노동개혁을 한답시고 타협이나 양보를 바라는 것은 나무 위에 올라 물고기를 구하는 것이나 마찬가지다.

지금은 노동 존중사회를 강조하는 문재인 정권이 반시장, 친노동 정책을 펼치면서 노동계에 기울어진 운동장을 더욱 기울어지게 만들고 있다. 이러다 보니 노동계에 불리한 이슈나 정책은 웬만해선 경제사회노동위원회(경사노위)의 의제로 채택되지 않는다. 오히려 경사노위는 노사정 간 합의 형식을 빌려 정부의 친노동 정책 결정에 판을 깔아주는 역할을 한다. 이 때문에 노동개혁은 고사하고 '노조공화국'이나 만들지 말라는 비아냥이 들린다.

국제노동기구(ILO) 핵심협약 비준을 위한 노동관계법 개정안은 경사노위 공익위원안을 토대로 만들었다. 이 위원회 공익위원 8명 중 경영계 입장을 대변하는 위원은 2명뿐이고 나머지는 대부분 친노동 성향의 학자들이었다. 그것도 우파학자 1명은 친노동 쪽으로 기울어진 논의 때문에 중도에 공익위원을 사퇴했다. 균형감 있고 공정한 심판자 역할을 해야 할 공익위원 구성이 '기울어진 운동장' 그 자체였던 것이다. 이 개정안은 사회적 대화를 통한 합의형식을 빌렸지만 노동계 편향적이란 비판을 받았다. 하지만 경사노위에서 노동개혁을 하기위해 노사 양측이 퇴장하고 공익위원안이 만들어졌다고 가정을 해보자. 어떤 일이 벌어질 것인가. 당연히 노동계의 입맛에 맞지 않는 반노동 정책들이 나올 수밖에 없어 노동계는 전 조직을 동원한 총파업투쟁에 나설 것이 불을 보듯 뻔하다.

우리나라에선 정권마다 사회적 대화에 매달린다. 국민 대다수가 근로자인 상황에서 사회적 합의는 국민들의 동의를 받은 것이나 마찬가지이기 때문이다. 하지만 사회적 대화의 주도권을 쥔 정부와 노동계는 경영계를 진정한 파트너로 인정하지 않는 분위기다. 노동계는 마음에 들지 않는 안건이 의제로 올라오면 언제든 대화를 거부한다. 반면 경영계는 정부나 노동계로부터 무시를 당해도 참아야 하는 나약한 존재다. 노사공익이 논의하는 경사노위 내 각종 위원회에서 노동계 의견을 전폭적으로 반영하는 공익위원안이 발표되어도 경영계는 정권의 눈치를 보면서 소극적인 반대 입장을 낸다. 이를 뒤집을 힘은 없다. 결국은 집행 권력을 가진 정부와 집단권력을 가진 노동계가 짝짜꿍이 돼 자신들이 원하는 방향으로 안건을 처리한다. 이것이 대한민국 사회적 대화의 민낯이다.

사회적 대화의 성공모델로 네덜란드의 바세나르협약과 아일랜드 사회적 합의가 거론된다. 우리나라도 이들 모델을 벤치마킹해 사회적 대타협 정신을 뿌리내려야 한다는 소리도 들린다. 하지만 이들 나라가 성공한 사회적 대화의 의제는 우리 정치권이 생각하는 이슈와는 거리가 멀다. 네덜란드와 아일랜드 모두 임금협상이 주된 의제였다. 국가 경제가 어려워지자 노조는 임금안정, 기업은 고용안정, 정부는 물가안정에 나서는 등의 합의를 통해 내리막길을 걷는 경제를 회생시키는데 성공했다. 아일랜드 모델에는 일부 정책도 포함되어 있지만 노사의 입장이 첨예하게 대립되는 이슈를 의제로 삼지는 않는다. 이들 나라도 노동개혁을 사회적 대화의 의제로 다뤘다면 합의를 이루어 내기 쉽지 않았을 것이다. 우리 정부가 노동개혁을 바란다면 사회적 대화의 틀에서 벗어나 통치자가 강력한 리더십을 갖고 추진해야 가능하다.

사회적 대화의 겉과 속

경제사회노사정위원회는 2018년 11월 명칭을 경제사회노동위원회(이하 경사노위)로 바꾸고 새롭게 출범했다. 노동 존중사회를 강조하려는 문재인 정부의 의지를 담아서인지 사회적 대화 기구 이름도 '노사정' 대신 '노동'이란 단어를 넣어 개명했다. 노사정 3자 합의기구를 '노동위원회'로 부르는 국가는 우리나라 이외엔 찾아보기 어렵다. 유럽에선 주로 경제주체인 경영계·노동계·정부 3자 대표들이 모여 논의하고 타협하는 자리인 만큼 노사정위원회로 부르거나 경제사회이사회 또는 사회경제이사회라고 명명한다.

이름까지 노동계를 우대한 '경사노위'에는 양대노총 가운데 한국노총만 참여해 반쪽짜리 대화기구란 한계를 벗어나지 못하고 있다. 경사노위는 경제사회 정책을 논의하는 새로운 모델의 사회적 대화기구로 자리매김한다는 취지에서 노사대표, 공익위원 외에 청년, 비정규직, 여성, 소상공인으로 참여멤버를 확대했다. 참여범위를 넓혔다고 해서 대화의 질이 좋아진 것 같지는 않다.

우리나라 노사갈등의 핵심당사자는 민주노총이다. 제대로 된 사회적 대화라는 소리를 듣기 위해선 민주노총이 대화테이블에 앉아야 한다. 갈등 당사자를 빼놓고 벌이는 사회적 대화와 타협은 실효성이 작을 수밖에 없다. 지금까지 민주노총의 많은 지도부들은 "사회개혁을 위해선 민주노총이 사회적 대화의 중심에 서야 한다"고 외쳐 왔지만 내부 반발에 부딪혀 그 뜻을 이루지 못했다.

그렇다고 민주노총이 정부의 위원회를 완전히 외면하는 것은 아니다. 53개의 각종 위원회에 참여해 국가정책 결정 전반에 영향력을 행사하고 있다. 대통령 직속 저출산고령사회위원회와 일자리위원회, 국무총리 직속 사회보장위원회 등을 비롯해 최저임금위원회, 국민연금기금운용위원회, 건강보험정책심의위원회 등이 대표적이다. 민주노총의 정부위원회 참여는 주요 정책에 노동계 의견을 반영한다는 취지를 갖고 있지만, 시장의 작동원리와 글로벌경제에 걸맞은 산업정책 등에 비춰보면 적절하지 않다는 지적이 나온다.

민주노총은 노사정위원회 출범 다음해인 1999년 2월 노사정위를 탈퇴한 이후 현재까지 복귀하지 않고 있다. 민주노총은 외환위기를 겪을 때인 1998년 자의반 타의반 노사정위에 참여해 정리해고법 도입을 위한 사회적 대타협을 이뤘다. 이게 민주노총의 유일하면서도 마지막 사회적 합의였다. 나라 경제가 거덜 나는 상황에서 고통분담 차원에서 사회적 대화에 참여해 얼떨결에 이루어낸 결실이다. 이 합의로 인해 민주노총은 내부의 거센 반발을 샀고 결국 노사정위를 탈퇴하는 사태를 맞았다. 민주노총은 이때 임시대의원대회를 열고 노사정합의를 부결한 뒤 협상대표로 참석했던 당시 배석범 위원장 직무대행과 지도부를 퇴진시켰다. 민주노총은 이후 몇 차례 노사정위원회 복귀를 시도했으나 내부 강경파의 반대에 밀려 지금까지 참여를 하지 않고 있다. 2005년 2월과 3월 열린 임시대의원대회에서는 노사정위 복귀문제를 둘러싸고 강경파와 온건파 간에 폭력충돌을 빚기도 했다. 노동운동 방향에 대한 조직 내 입장이 정리되지 않아 빚어진 계파 간 주도권 다툼이었다. 이후 사회적 대화에는 민주노총이 빠진 채 한국노총만 노동계 대표로 참여해 왔다. 절름발이식 사회적 대화였던 셈이다.

상대적으로 온건파로 평가받는 한국노총도 고분고분하지 않다. 지난 20년 동안 탈퇴와 복귀를 반복하며 노사정위를 정치적 협상용으로 이용해 왔다. 자신들이 원치 않는 방향으로 대화가 흘러가면 바로 탈퇴 선언을 하거나 탈퇴 으름장을 놓으며 사용자와 정부를 압박했다. 한국노총은 2018년 11월 자신들이 공익위원으로 추천한 학자를 경사노위에서 거부했다는 이유로 탈퇴하겠다고 경고하기도 했다.

노무현 전 대통령이 참여정부 시절인 2005년 11월 청와대 수석비서관 회의에서 밝힌 내용을 보면 민주노총 행태에 대해 얼마나 실망했는지를 엿볼 수 있다. 당시 청와대 노동비서관을 지낸 권재철 씨가 노 전 대통령의 발표내용을 중심으로 엮은 『대통령과 노동』이란 책에 실린 내용의 일부를 소개한다.

"노사정위원회가 참 걱정입니다. 국민들한테 미안해서라도 문을 닫으면 좋겠어요. 도대체 안 오겠다는 사람 기다리고, 손님 안 오겠다는 데 상 차려놓고… 주방장 퇴근도 못 하고…. 그만 합시다. 계속 방에 군불만 넣어 놓고 전기세 나가고, 한 달에 쓰는 돈이 얼마인데… 연말까지 보고, 문 닫는다고 하십시오. …우리 사회가 사회적 합의, 이런 것 하고는 사회 모델이 좀 다른 것 같아요."

노 전 대통령의 불만은 계속된다.

"나는 지금 우리나라 노동계와는 대화가 안 된다는 입장이며 대화하자 하면 할 수는 있지만, 나한테 '대화해라' 이런 소리 하지 말고 대안을 갖고 와서 결판을 내보자 이겁니다.

자꾸 노동계와 대화하라고 하는데 그것이 명분용으로 하면 좋은데 대안도 없이 대화하라고 떠밀어 대듯 하니까 짜증스럽습니다. …나는 오지 말라는 소리 아닙니다. 강제로 데리고 들어와서 밥상 앞에 앉힐 수는 없는 것 아니냐, 이 얘깁니다.

권 비서관이 극구 말려서 포기했지만 노사정위원회 문을 닫았으면 좋겠어요. 우리 사회의 조직문화가 지도자가 지도력을 발휘할 수가 없어요. 맡겨놓았으면 결정을 따라줘야 지도자가 일하지요. 그렇지 않습니까. 협상을 하려면 서로 주고받고 거래할 의사가 있어야 합니다. 돈도 안 가지고 장터에 와가지고 얼씬거리는 사람, 아무리 잡아당겨도 그건 소용없어요. …이제 정리합시다. '대화해라' 이런 소리 하지 마세요. 대화하러 오면 그때 하면 됩니다."

굳이 대화하지 않겠다는 민주노총에게 헛된 노력을 하지 말라는 노 전 대통령의 당부다. 멍석을 깔아 줘도 대화를 외면하는 민주노총의 독선적인 행태에 불편한 심기를 드러낸 것이다. 정부가 민주노총의 겉과 속, 그리고 사회적 대화의 본질을 파악했다면 사회적 대화가 정말 필요한지 다시 생각할 일이다. 사회적 대화에 매달리면 매달릴수록 노동계의 '갑질'에 질질 끌려 다닐 수밖에 없다.

광주형 일자리가
걱정되는 이유

2019년 12월 광주형 일자리 사업을 수행할 광주글로벌모터스 자동차생산공장의 착공식이 있었지만 노동계는 불참했다. 자신들의 요구가 받아들여지지 않았다는 이유에서다. 이 사업의 앞날이 결코 순탄치 않음을 보여주는 대목이다. 광주형 일자리가 노사상생의 정신이 담긴 사회적 대타협의 산물이라고 광주시는 홍보해 왔지만 대타협의 모델로 평가받기에는 미흡한 구석이 너무 많다. 무엇보다 도를 넘어선 노동계의 요구가 끝도 없이 이어지고 있고 광주시는 노동계에 질질 끌려 다니면서 당초 노사 간 타협과 양보를 토대로 한 광주형 모델이 단순한 지역 일자리 사업으로 변질돼 가고 있다는 느낌이다.

'사회적 대타협'이라는 그럴듯한 명분을 내세운 광주시는 현대자동차와 금융권 등의 '팔을 비틀어' 투자를 받아냈다. 수익을 기대하기 어려운 자동차공장을 통해 일자리를 창출하겠다는 광주시의 이러한 생각은 지역이기주의에 다름 아니다. 이는 국내외 자동차회사들이 전기차 등 미래산업 투자를 위해 기존 인력에 대한 대대적인 구조조정에 나서고 있는 현실과도 거꾸로 가는 흐름이다. 광주형 일자리의 벤치마킹 대상이 된 '아우토 5000' 모델의 흔적은 많이 사라진 상태이다. '호랑이'를 그리겠다고 큰소리치던 광주시의 일자리 모델은 '고양이'로 쪼그라들고 있는 형국이다.

광주시는 연봉 3500만 원, 5년 임·단협 유예 등 사회적 대타협의 의미를 내세우고 있지만 이 약속은 지속성을 담보하기가 쉽지 않다. 무엇보다 임·단협을 유보해 임금을 일정 기간 억제할 수 있는 법적 구속력이 없다. 또한 새 공장에서 근무할 노사 당사자끼리 맺은 약속도 아니다. 그렇다고 국내 완성차 5사의 노조가 소속돼 있는 민주노총이 노동계 대표로 참여한 것도 아니다. 이 때문에 국내 완성차 노조를 장악하고 있는 민주노총의 움직임이 광주형 일자리의 성패를 가를 주요 변수로 떠오르고 있다. 완성차에 노조를 설립하고 있지 않은 한국노총이 광주형 모델의 노동계 파트너로 참여하는 것에는 한계가 있다. 광주형 모델이 벤치마킹한 폭스바겐의 아우토5000은 처음 만들 때부터 자동차 산업 노조가 소속돼 있는 독일금속노조(IG메탈)가 노동계의 대표로 참여해왔다. 이러다 보니 노사정 대타협에 대해 노조가 시비를 걸 소지가 없었던 것이다.

자동차공장이 가동되면 민주노총을 상급단체로 한 노조가 들어설 가능성은 무척 높다. 그렇게 되면 지금까지 한 약속은 휴지조각이 될 가능성을 배제할 수 없다. 그 책임은 누가 질 것인가. 일부에선 사회적 대타협을 한 만큼 사회적 압력이 가해질 수 있다고 기대하지만 구속력을 갖기에는 한계가 있다. 더욱 큰 문제는 노동계의 요구가 끝도 없이 계속되며 사회적 대타협 자체를 뒤흔들고 있다는 점이다. 노동계는 노동이사제 도입과 임원진 급여의 제한을 추가로 요구했다. 광주시의 응답이 없자 공장 기공식 불참으로 불만을 표시했다. 노동이사제는 산업별 노조체제가 정착돼 있는 유럽국가에서 운영되고 있다. 기업별 노조체제가 주류를 이루고 있는 한국의 노동현실에서는 적합하지 않은 제도이다. 임원의 급여 결정 역시 경영진의 고유권한이다. 노조가 개입할 문제가 아니다. 이용섭 광주시장은 "노정협의회 사무국 설치, 시민자문위 운영, 임원 적정 임금 실현 등 노동계의 요구 사항을 적극 수용해 나가겠다"며 노동계 달래기에 나섰다. 노동계의 압력에 무릎을 꿇은 셈이다.

앞으로도 노조의 어깃장은 계속될 것이다. 노동계는 문 대통령 대선 공약인 광주형 일자리의 '사회적 대타협'에 도장을 찍어준 당사자로서 위세를 부리고 있고, 광주시는 이러한 노동계의 심사가 뒤틀리지나 않을까 쩔쩔매며 끌려 다니는 모습니다. '고비용, 저효율' 구조를 깨뜨리는 실험을 하자는 당초의 취지는 온 데 간 데 없다. 이러려고 광주형 일자리 사업을 시작했나 하는 생각마저 든다.

광주형 일자리가 성공하기 위해선 노동계와 광주시의 성숙한 자세뿐 아니라 자동차공장의 생산효율성을 높여 나가는 것도 중요하다. 광주글로벌모터스는 2021년 4월 완공돼 그해 9월부터 경형 스포츠유틸리티차량(SUV) 10만 대를 양산할 예정이다. 직접 고용 1000여 명, 간접적으로는 1만 2000명의 일자리 창출이 예상된다. 전기차, 수소차가 속속 개발되는 상황에서 내연기관 차량을 생산하는 데다 국내 경차시장 규모가 크지 않아 얼마나 팔릴지도 불투명하다. 이 차종은 시장으로부터 좋은 반응을 얻더라도 경쟁력을 유지하기 위해선 후속모델을 잇따라 내놓아야 한다.

광주시는 노사민정 간 대타협의 약속을 지킬 자신이 없으면 이 사업을 포기해야 한다. 그래야 사회적 손실을 조금이라도 줄일 수 있다. 기업의 경쟁력과 일자리창출은 뒷전으로 한 채 노사민정 대타협이라는 명분을 내세워 정치적 입지와 치적 쌓기만을 노린다면 사회적 비용이 눈덩이처럼 불어날 수 있다는 점을 명심해야 할 것이다. 과도한 욕심과 어설픈 타협, 온정적 노정관계에 얽매이다가는 배가 산으로 갈 수도 있다. 광주형 일자리 사업이 첫 삽을 뜨긴 했지만 갈 길은 더욱 멀어져 가는 느낌이다.

폭스바겐 모델이란?

광주시가 벤치마킹한 폭스바겐 모델은 독일 경제가 극심한 불황을 겪던 1996년 노사정 대타협을 통해 자회사인 '아우토5000'을 설립해 지역경제를 살리고 실업자에게 일자리를 제공한 모범 사례이다. 이 회사는 신규채용인력 5000명 전원을 파견근로자로 채우고 임금수준은 정규직 임금의 80%를 지급하는 이중임금제를 채택했다. 이 모델의 주요 내용은 △신규 입사자에 대한 이중임금제 적용, △독일 금속노조의 이중임금제 수용, △제조업에 파견근로자 채용이 가능한 노동시장 유연화, △볼프스부르크시의 전폭적인 지원 등으로 요약될 수 있다. 또한 극심한 경제난과 치솟는 실업률도 이 모델이 탄생하는 데 한몫했다.

폭스바겐의 본사가 있고 아우토5000이 들어선 볼프스부르크시는 독일 자동차 산업의 중심지로서 실업률이 1996년 18.1%까지 치솟았다. 1990년대 초반 통일 특수를 누렸지만 이후 일본 자동차 산업의 거센 추격과 경쟁력 약화로 수출·투자 감소, 기업 도산, 실업률 증가 등 구조적 위기상황에 직면하게 된 탓이다. 1989년부터 2001년까지 볼프스부르크 공장의 생산량도 38.9% 감소해 고용률이 급격히 떨어졌다. 극심한 경제난에다 고임금으로 인해 독일 내 사업 지속이 어려워지자 많은 제조업체들은 싼 인건비를 찾아 동구권으로 빠져 나갔다. 폭스바겐 역시 헝가리, 체코 등에 공장부지를 물색하고 있었다. 이때 독일 내에서 '폭스바겐만은 독일을 지켜야 한다'는 사회적 여론이 빗발쳤다. 실업자가 넘쳐나던 상황이어서 폭스바겐이 사회적 여론을 외면하기 쉽지 않았다. 결국 폭스바겐 노사는 1998년 볼프스부르크시 창립 60주년에 맞춰 '아우토 비전(Auto Vision)'을 통해 실업률을 반으로 줄이고 경제를 회복하는 프로젝트를 시와 함께 추진키로 합의했다.

동구권 진출을 노리던 국민기업 폭스바겐은 노사정이 한발짝씩 양보하고 협력한 덕분에 결국 공장이전 계획을 포기하고 본사가 있는 볼프스부르크시에 새로운 생산공장을 지었다. 폭스바겐 노조는 이중임금제 적용에 대해 처음에는 반대했지만 실업자가 넘쳐나는 상황이어서 양보할 수밖에 없었다. 더구나 근로자 전원을 파견근로자로 채용키로 했기에 반대명분이 약했다. 회사 입장에서도 싼 인건비로 노동자를 채용할 수 있다는 당근이 주어졌기에 동구권 진출을 포기하게 됐다. 아우토 비전 프로젝트는 볼프스부르크시의 실업률을 6년 만에 8%까지 끌어내리며 지역경제 회생에 기폭제 역할을 했다. 또한 지역 내 총 1만 2000개의 새로운 일자리가 창출되었다.

누구를 위한
ILO 협약 비준인가

정부가 국제노동기구(ILO)의 핵심협약안에 대한 비준 절차에 착수하면서 '대한민국이 노조공화국으로 가는 것 아니냐'는 의문들이 터져 나온다. 정부가 비준을 추진 중인 ILO의 핵심협약은 △결사의 자유와 단결권 보호(제87호), △단결권과 단체교섭 보장(제98호), △강제노동금지(제29호) 등 3개 협약이다. 해고자·실직자의 노조가입을 허용하고 공무원·교원의 단결권을 확대하는 게 주요 내용이다. 산업기능 요원의 노동금지도 포함돼 있다.

이들 협약을 비준하게 되면 한국은 8개 핵심협약 중 7개를 비준하게 돼 노동자보호 선진국 대열에 진입하게 된다. 한마디로 노조를 존중하는 '노조공화국'의 길로 간다는 얘기이다. 이들 협약 비준을 위해 정부는 2019년 7월 노동자의 단결권을 대폭 강화한 노동조합 및 노동관계조정법, 공무원노동조합법, 교원노동조합법 등 세 개 법률의 개정안을 확정,

ILO 핵심협약 비준 위한 3개법 개정안 주요 내용

구분	주요 내용
노동조합법	– 실업자 · 해고자 노조가입 가능 – 사업장 및 주요 업무시설 점거 금지 – 단협 유효기간 2년서 3년으로 확대
공무원노조법	– 가입 대상 직급기준 삭제 – 소방공무원 가입 허용
교원노조법	– 퇴직교원 교원노조가입 허용 – 고등교육법에 따른 교원의 노조설립과 가입 허용

입법 예고를 거쳐 9월 정기국회에 제출했다. 하지만 이 개정안이 나오자 경영계는 너무 노동편향적이어서 기업의 경영활동에 큰 걸림돌로 작용할 것이라며 크게 걱정하고 있다.

개정안에 대해 쌍수를 들고 환영하는 곳이 전교조다. 정부안이 국회를 통과하면 해고 · 실직 노동자도 그 기업 노조에 가입할 수 있게 돼 전교조가 합법화되기 때문이다. 현재는 해직교원 가입 문제로 전교조는 법외노조 판정을 받은 상태다. 또한 해고자가 노조 대표로서 노사협상에 나서는 것도 허용된다. 이와 함께 5급 이상 공무원과 소방관도 노조가입이 허용된다. 대신 지휘 · 감독, 총괄업무를 보는 공무원은 가입이 제한된다. 고위공무원이 노조에 가입하는 경우는 저성과자이거나 징계를 받아 보직을 받지 않은 사람이 주축이 될 것으로 예상된다. 소방공무원의 노조결성도 논란거리다. 소방관이 파업하면 화재와 같은 재난 상황이나 위급환자 수송 등에 혼란이 일 수 있기 때문이다. ILO 핵심협약을 위한 노동관계법 개정안이 통과되면 우리나라 노동운동과 노사지형에 상당한 변화의 바람이 불 것으로 전망된다.

개정안은 또 전임자 임금 지급 금지규정도 삭제했다. 전임자 급여를 요구하며 벌이는 파업에 대한 처벌 규정도 없어졌다. 노조공화국이 아니고서는 상상도 할 수 없는 노동법제들이 마구 쏟아져 나오는 것이다. 노조 전임자 문제와 복수노조 교섭창구 단일화는 1997년 이후 13년간 노사관계의 최대이슈로 떠오르며 장기간 갈등을 빚었던 이슈였다. 그 후 2010년 법개정 때 근로시간면제제도가 도입되고, 교섭창구 단일화 절차가 마련되면서 일단락됐다. 노동현장에 별 탈 없이 정착되면서 노사안정에도 긍정적인 영향을 끼쳤다. 그런데 정부가 법 개정을 하면서 스스로 전임자 급여금지 원칙을 깨 버린 것이다. 이는 상급단체 파견 노조 간부와 강성 노조 사업장 노조업무 전담자에 대한 사용자의 임금지원을 강요한 불공정한 제도나 마찬가지다. 또한 노조의 자주성과 독립성을 해칠 뿐만 아니라 제도의 취지를 훼손하는 발상에 다름 아니다. 선진국에서 노조가 전임자 임금을 회사 측으로부터 지원받는 경우는 찾아보기 힘들다.

교섭창구 단일화 규정도 바뀐다. 사용자 측은 사업장 내 모든 노조와 성실히 교섭하도록 의무화하고 있다. 조합원이 몇 명 안 되는 소수 노조와도 교섭을 해야 한다. 이렇게 되면 사용자가 교섭으로 인한 시간과 비용이 많이 들게 되고 교섭과정에서 새로운 노사, 노노갈등의 요인이 될 수 있다. 또 국가·지방자치단체가 기업별 교섭을 넘어 산별·지역별 교섭 방식을 촉진하도록 노력의무를 포함시켰다. 노동계 요구에 맞춰 노동자 연대를 촉진하는 산별교섭을 유도하겠다는 의도이다. 하지만 교섭은 노사 스스로 알아서 할 일이다. 굳이 국가나 지방정부가 나서 독려할 이유가 없다. 국가가 나서 거대 노조의 연대를 독려하는 행위는 아르헨티나, 베네수엘라 등 사회주의 정책을 펼치는 남미국가에서나 있을 법한 일이다. 이는 균형 있고 공정한 노사자치주의를 저해하는 행위이다.

ILO 핵심협약을 비준하고 있는 선진국들은 같은 산업 내 여러 개의 단위노조가 하나로 뭉친 산별노조 체제를 갖추고 있다. 이들 나라의 노조 사무실은 기업 외부에 있어 파업이 벌어져도 생산시설이 망가지는 경우는 없다. 우리나라에선 기업별 노조는 물론 산별노조의 노조사무실도 사업장 내에 있어 파업이 일어나면 시설이 파손되거나 사람이 부상을 입는 경우가 많다.

경영계가 요구한 조항들 가운데 일부조항이 개정안에 반영됐다. 사업장 점거 금지와 단협 유효기간 3년 등이다. 하지만 이들 조항은 노사관계에 미치는 영향은 미미하다. 사업장 점거는 지금도 허용되지 않는다. 다만 일부 노조가 불법으로 사업장을 점거하고 있다. 현재 2년 상한으로 돼 있는 단협의 유효기간을 3년 상한으로 확대하는 것도 별 효력이 없기는 마찬가지다. 1987년 노동운동이 분출된 이후 30년 이상 단체협상을 거치면서 개별사업장의 단체협약은 많이 정리된 상태다.

경영계는 ILO 핵심협약 비준 조건으로 △파업 중 대체근로 허용, △부당노동행위 형사처벌 금지, △쟁의행위 찬반투표 절차 보완, △단체협약 유효 기간 3~5년으로 연장, △파업 시 직장 점거 금지 등을 요구해왔다.

노조의 권리만 확장하지 말고 사용자의 대응권도 보장해달라는 취지다. ILO 협약 비준은 문재인 대통령의 대선공약으로 문 정권 출범 이후 국정과제로 추진됐다. 2018년 경제사회노동위원회 산하 노사관계제도ㆍ관행개선위원회에서 법 개정을 위해 노사가 협의하는 모양새를 갖췄지만 요식 행위에 가까웠다. 경사노위 공익위원들이 합의 형식을 빌려 입장문을 발표했지만, 공정한 논의 과정을 거쳤다고 보기 어렵다. 공익위원들 중 대부분이 친노동 성향이었다. 형식은 공익위원 안을 빌렸지만 실제로는 대통령 공약이 반영된 정부 안을 밀어붙인 것이다.

ILO 핵심협약 비준에 대한 정부의 입장도 고개가 갸웃거려진다. 많은 선진국들이 핵심협약 8개 중 일부만 비준하는 등 각국 실정에 맞게 대응하고 있다. 일본도 8개 가운데 국내법과 충돌하지 않는 6개만 비준한 상황이다. 그런데 대립 노사관계가 심한 우리나라에서 핵심협약 8개 가운데 4개를 비준하고 다시 3개를 추가로 비준할 필요가 있는지 의문이 든다.

ILO 핵심협약 비준을 위한 노동관계법이 입법화될 경우 우리나라는 '노조공화국'으로 성큼 다가서게 된다. 가뜩이나 투쟁적 노동운동이 극성을 부리는 상황에서 기업의 경영활동을 더욱 위축시켜 외국 자본들로부터 투자를 꺼리는 나라로 낙인찍히지나 않을지, 걱정이 앞선다. 노조의 권리의식만을 높이는 법 개정보다는 노사 간 힘의 균형을 고려한 법과 제도의 도입이 필요하다. 온 나라가 강성노조에 포위된 지금 ILO 협약 비준을 성급하게 몰아붙이는 정부와 여당의 자세가 도무지 이해되지 않는다.

파견기준 모호,
툭하면 불법 딱지

우리나라 산업현장에서 가장 많이 일어나는 갈등 가운데 하나가 사내하도급을 둘러싼 불법 파견 문제다. 사내하도급 근로자의 지휘 · 명령권이 어디에 있느냐가 '불법 파견'과 '적법 도급'의 판단 기준이다. 원청(사용업체)이 사내하청근로자에게 직접 지휘 · 명령권을 행사하면 불법 파견이 되고, 근로자를 제공한 도급업체(사내하청)가 지휘 · 명령하면 적법 도급이 된다. 하지만 적법 도급과 불법 파견을 가리는 잣대가 모호하다 보니 적법 도급 기준에 맞춰 하도급 근로자를 쓰고 있다고 생각하는 기업들도 불법파견 딱지가 붙기 일쑤다. "도대체 어떻게 해야 불법 파견을 면할 수 있느냐"는 기업들 하소연이 잇따른다.

판단 기준이 명확하지 않다 보니 고용노동부 판정이 법원과 중앙노동위원회에서 뒤집어지는 경우가 많다. 법원에서도 1심과 2심, 3심을 거치면서 불법 파견과 적법 도급 판결이 수시로 바뀐다. 포스코광양제철소의 크레인 운전 근로자 15명은 2011년 포스코를 상대로 '근로자지위확인(직접고용) 소송'을 제기했다. 1심(2013년)은 '적법한 도급'이라고 판결했지만, 2심(2016년)은 '불법 파견에 해당한다'며 원심 판결을 뒤집었다.

법원이 근로자에게 관대한 판결을 내리다 보니 불법 파견 판정이 줄을 잇는다. 서울중앙지방법원이 2014년 10월 현대자동차 협력업체 근로자 1200명을 원청업체 근로자로 인정한 판결 내용을 뜯어보면 '왜 불법 파견인지' 헷갈린다. 서울중앙지법은 도급 계약 때 약속한 근무시간, 작업속도 결정 등 최소한의 지휘·명령권을 인정하지 않았다. 현대차는 원청과 도급의 업무가 같은 장소에서 이뤄져 원청업체 관리자의 지휘·명령권을 인정하는 게 당연하다고 생각했는데, 법원은 이를 인정하지 않았다. 여기에 고용부가 설정한 가이드라인을 도급업체가 준수하도록 원청이 권유한 것조차 법원은 하청근로자에 대한 노무지휘권 행사로 판단했다. 이는 법원이 파견법을 도급금지법처럼 해석한 것이나 마찬가지다. 원청 기업들이 외부에 도급을 주지 말고 직접 생산 활동을 하라는 판결로 받아들여진다.

박지순 고려대 법학전문대학원 교수는 "아직 도급과 파견을 구분 짓는 명확한 법적 기준이 없는 상황에서 법원이 도급 형태를 지나치게 정형화해 구분 짓는 것은 문제"라고 지적한다. 그는 "독일에서는 파견과 하도급이 법으로 명확히 구분되지 않고 업무의 혼재도 문제되지 않는다"며 독일 공항 보안검색대의 혼재 업무를 예로 들었다. 독일의 한 공항 보안검

색대에선 하도급업체 근로자와 파견업체 근로자가 섞여 일하고 있지만 전혀 문제가 되지 않는다는 것이다.

정치적인 분위기도 불법 파견 시비를 부추긴다. 고용노동행정개혁위원회는 2018년 8월 현대·기아차의 사내 하도급 실태를 조사하고 직접 고용 명령을 내리라고 고용부에 권고했다. 개혁위는 위원 구성이 친노동 성향으로 편향돼 있어 공정한 판정을 했다고 보기는 어렵다. 하지만 고용부는 이 권고에 따라 현대·기아차의 사내하도급 근로자를 직접 고용하라고 압박했다. '기울어진 운동장'에서 벌어지는 노동행정의 현주소다.

파리바게뜨에 대한 고용부의 불법 파견 결정 역시 사회 분위기에 휩쓸린 측면이 크다. 고용부는 2017년 9월 파리바게뜨에 가맹점 근무 제빵기사 5378명을 직접 고용하도록 지시했다. 파견업체 소속인 이들 기사에게 가맹 본사가 업무지시를 해온 것은 일종의 변칙 고용에 해당돼 '파견근로자 보호법'을 위반했다는 이유에서다. 민주노총 등이 문제를 제기하자 친노동 정권이 제대로 검토도 하지 않고 불법 파견으로 간주한 것이다. 그러나 불법 파견에 대한 정부 결정이 잘못됐다는 비판이 일자 고용노동부는 파리바게뜨에서 가맹점 근무 제빵기사 모두를 직접 고용하라는 행정지침을 거둬들였다. 대신 파리바게뜨가 자회사 해피파트너즈를 설립해 제빵기사 5300여 명을 정규직으로 고용토록 하고 문제를 마무리했다. 파견업무에 대한 고용노동부의 판단이 얼마나 원칙 없이 오락가락하는지를 보여주는 사례다.

불법파견 여부를 둘러싸고 법정 다툼을 벌이던 삼성전자서비스가

2018년 4월 90여 개 협력사 직원들 8000여 명을 정규직으로 직접 고용키로 결정한 데 대해서도 정부의 개입 가능성이 대두되고 있다. 삼성전자서비스 협력업체 소속 서비스 기사 1300여 명은 지난 2013년 "원청(삼성전자서비스)과의 묵시적 근로계약 관계를 인정해달라"는 근로자 지위 확인 소송을 제기했다. 이에 대해 서울중앙지법 재판부는 2017년 1월 원고 패소판결을 내렸다. 재판부는 "삼성전자서비스가 협력업체 서비스 기사들의 채용에 관여했으나, 이는 컨소시엄사업 운영기관으로서 참여기관인 협력업체로부터 위탁받은 업무를 수행한 것"이라고 판시했다. 또 "삼성전자서비스가 협력업체 서비스 기사들을 대상으로 업무교육·평가를 시행했지만, 수리의 완성이라는 도급(하청)계약의 목적 달성을 위해 근로자에게 일정한 자격을 요구한 것으로 보인다"며 불법파견 주장을 기각했다. 이러한 판결에도 불구하고 협력업체 서비스기사들을 대거 정규직으로 채용한 것은 비정규직의 정규직화를 추진해온 문재인 정부의 '보이지 않는 손'이 개입했기 때문이란 분석이 많다.

정부가 시장에 개입하면서 졸지에 자기 사업이 없어진 협력업체 사장들도 속출하고 있다. 삼성전자서비스 협력업체와 파리바게뜨 제빵사 파견 용역업체의 대표들은 정부의 정규직화 정책에 밀려 사업장이 해체됐다. 시장경제를 채택하고 있는 국가로서는 상상도 할 수 없는 폭압적 사태가 벌어진 것이다. 주요 사업의 국유화를 진행했던 남미식 사회주의 국가에서나 가능한 정부의 개입이 자유주의 시장경제체제인 대한민국에서 버젓이 자행되고 있다. 대기업에 대한 정부의 시각은 곱지 않다. 정상적인 원-하청 간 관계를 맺고 있어도 정부는 을에 대한 갑의 부당한 착취관계로 보고, 비정규직은 없어져야 할 적폐의 대상으로 인식하는 분위기다.

파견근로는 전 세계 제조업체에 보편적 생산방식이다. 한국처럼 도급업무에 대해 불법 파견 판정을 남발하는 나라는 없다. 미국과 영국은 파견근로에 관한 규제가 전혀 없다. 독일과 일본 역시 제조공정에까지 파견근로를 허용하고 있다. 선진국 제조현장에서 불법파견 시비가 일어날 소지가 없는 이유이다. 우리 기업들은 불법 파견 판정에 형사처벌까지 받아 이중 삼중의 고통을 겪고 있다. 글로벌 시장에서 치열한 경제전쟁을 벌이는 기업 대표에게 툭하면 불법 파견 죄목을 씌워 형사처벌까지 가하는 게 합당한 정책방향인지 모르겠다.

친노동 판결에
멍드는 기업들

우리나라에서 노동조합이 무리한 요구조건을 내세우며 불법파업을 벌이면 오히려 회사 측이 법적 책임을 지는 경우가 많다. 노동편향적인 정책과 판결 때문이다. 노조의 불법파업에 정당방위 차원에서 대응하다가 오히려 부당노동행위 등의 혐의로 처벌을 받는 것이다.

우리나라 노조는 노사 간 협상이 결렬되면 생산시설을 점거하며 불법파업을 벌이는 경우가 많다. 그러면 회사는 공권력에 도움을 요청한다. 하지만 공권력은 노사자치주의를 내세워 노사가 스스로 해결할 것을 주문한다. 생산시설이 점거되고 불법이 벌어져도 공권력은 강 건너 불구경하듯 한다. 결국 회사는 불법파업을 벌이는 노조원이 생산시설에 접근하지 못하도록 직장폐쇄라는 칼을 꺼내 든다. 회사 측은 정당방위 차원에서 직장폐쇄를 단행했다고 생각한다. 더구나 기업들은 공인노무사 등 노사전문가들로부터 자문을 받았기에 법적 하자가 없이 대응한다고 생각한다. 옆에서 지켜본 관할 경찰서, 노동지청, 검찰지청 모두 회사 측의 정당성을 인정한다. 하지만 노사분규를 겪는 많은 사업장 대표들은 노동조합법상의 부당노동행위 혐의로 처벌을 받기 일쑤이다. 친노동, 반시장의 기울어진 운동장에서 벌어지는 실상이다.

노조의 불법파업에 회사 측이 노동관계법에 따라 대응했다가 낭패를 당한 사례를 살펴보자. 2010년 경주 발레오전장에서는 경비원에 대한 회사 측의 외주화 방침을 둘러싸고 노조의 파업과 회사 측의 직장폐쇄가 충돌하는 사태가 벌어졌다. 발레오전장의 임직원 875명은 모두 정규직이다. 많은 기업들이 비정규직으로 고용하고 있는 경비원, 청소원, 취사원도 모두 정규직으로 채용할 정도로 괜찮은 회사다. 직원들의 임금수준도 무척 높았다. 당시 연평균 임금으로 따져 경비원은 7600만 원, 청소원, 취사원, 운전기사는 7200만 원을 받았다. 이 회사 생산직 평균임금(7700만 원)보다 낮았지만 사무직 평균임금(7000만 원)을 웃돌았다. 웬만한 대기업 대졸 간부 사원과 맞먹을 정도였다. 경주 지역에서는 가장 좋은 대우를 받고 있는 회사로 소문나 있었다.

그런데 글로벌 금융위기와 과다한 노무비 지출 등으로 경영이 악화되자 회사는 경비절감 차원에서 경비원 외주화를 추진했다. 회사는 경비원 14명 중 산재요양 중인 1명을 제외한 13명을 생산직으로 전환하겠다고 발표했다. 해고를 하겠다는 것도 아니었다. 경비원 중 5명은 배치전환에 응했다. 하지만 나머지 8명은 배치전환을 거부하고 민주노총 금속노조 본조에 직접 가입했다. 경비원은 노동관계법상 노조가입대상이 아니었다. 따라서 발레오전장 노조(민주노총 금속노조 발레오전장 지회)에 가입할 수 없었다. 발레오전장 지회노조는 그해 2월 경비원의 아웃소싱을 반대하며 파업을 벌였다. 경비원 8명은 금속노조 본조 소속이지만 같은 금속노조 식구라는 이유에서였다. 이 파업은 명백한 불법이었다. 회사 측은 호락호락 넘어가지 않았다.

회사는 그해 2월 직장폐쇄를 단행했고 용역경비 250여 명을 투입, 조합원의 회사 출입을 원천 봉쇄했다. 집행부의 과도한 불법 파업에 지친 노조원들은 그해 5월 임시총회를 열어 금속노조를 탈퇴하는 조직형태 변경안을 95.2%의 찬성률로 통과시켰다. 파업 3개월이 지난 시점이었다. 새로 노조위원장도 뽑았다. 새 노조는 민주노총 금속노조 발레오지회에서 탈퇴하고 새로운 기업별 노조인 발레오전장 노조를 설립했다. 회사 측은 불법파업을 주도한 조합원 26명에 대해 해고, 정직 등의 징계처분을 내렸다. 경북지방노동위원회와 중앙노동위원회, 서울행정법원에서는 해고와 정직이 정당하다는 판결이 나왔다. 직원들은 새롭게 회사가 굴러갈 수 있을 것이란 기대와 희망에 부풀어 있었다. 하지만 해고, 정직당한 노조원들이 이 판결에 불복해 상고했고 결국 2017년 6월 대법원은 징계처분이 부당노동행위에 해당한다는 이유로 무효판결을 선고했다.

노조의 불법 쟁의행위로 시작된 노사갈등으로 인해 큰 손실을 본 회사가 그 책임을 물어 노조원들을 해고, 정직 조치했고 하급심에서도 회사의 조치가 정당하다는 판결이 나왔는데 대법원에서 이를 뒤집은 것이다.

이 정도 판결은 양반이다. 강기봉 발레오 사장은 2019년 7월 대법원에서 '노조 파괴' 혐의로 징역 8개월을 선고받았다. 또 발레오에는 벌금 500만 원을 선고했다. 대법원은 양형이유에 대해 "원심판결에 대한 법리와 채택한 증거들을 살펴보면 부당노동행위나 노조전임자에 관한 법리를 오해한 위법이 없어 상고를 모두 기각한다"고 밝혔다. 금속노조 발레오지회에 부당노동행위를 했고 금속노조를 탈퇴한 직원들이 설립한 기업노조 전임자에게 임금을 지급해 노조활동의 자주성을 침해했다는 것이다. 노동권 보호에 치중된 판결이 잇따르면서 "이 땅에서 기업할 맛이 나지 않는다"는 하소연이 들려오고 있다.

노조 파업에 회사가 정당방위 차원에서 직장폐쇄를 단행했다가 피해를 본 사례는 이뿐만이 아니다. 노조원들이 회사 임원을 폭행해 세상에 널리 알려진 충남 아산 유성기업의 노사갈등 사태도 비슷한 케이스다. 이 회사 노사는 2011년 1월부터 5월까지 노조가 요구한 △주간연속 2교대제와 △월급제 도입 등을 논의하기 위해 특별교섭을 벌였다. 회사는 노조의 요구를 들어주기 쉽지 않은 상황이었다. 원청업체인 현대·기아자동차에서도 도입하지 않은 주간연속 2교대제를 협력업체가 먼저 실시하면 원청과 생산시스템이 달라져 부품공급을 제때 맞추기 어렵기 때문이었다. 당시 현대·기아차 노조도 주간연속 2교대제를 요구했으나 회사 측이 받아들이지 않았다. 국내 최대 강경투쟁세력으로 이름을 날려온 현대·기아차 노조도 2013년에야 노사합의를 통해 도입한 이슈였다. 그러나 노조는 이에 아랑곳하지 않고 자신들의 요구를 회사 측이 들어주지 않는다며 공장을 점거하고 파업에 돌입했다. 그러자 회사는 직장폐쇄로 맞섰다.

이때부터 유성기업 노사관계는 꼬이기 시작했고 최근까지도 노사갈등이 지속되고 있다. 자동차 엔진용 부품을 생산하는 이 회사는 극심한 노사갈등으로 지난 9년 동안 엄청난 손실을 입었다. 노사갈등에 지친 직원들은 금속노조를 탈퇴해 온건노조를 설립했다. 극렬투쟁보다 건전한 노동운동을 바랐기 때문이다. 그러자 기존 민주노총 금속노조(유성기업 지회)는 회사의 직장폐쇄가 과잉대응이라는 점과 온건노조인 기업노조설립을 지원했다는 등의 혐의로 회사를 검찰에 고소했다. 노동조합의 비정상적인 집단행동을 지켜본 검찰은 회사 측의 직장폐쇄 등을 정당한 행위로 인정해 기소하지 않았다. 그후 장기간의 법정싸움을 거치면서 회사 측은 범법자로 몰렸다. 대법원은 회사가 노조를 탄압했다고 판단했다. 대법원은 2017년 12월 유성기업 대표에 대해 직장폐쇄, 기업노조설립 등의 방법을 통해 계획적이고 조직적으로 노조를 탄압했다며 징역 1년 2개월을 선고한 원심을 확정했다. 회사 측으로선 억울하기 짝이 없는 판결이었다.

두 사건 모두 노조의 무리한 요구와 불법파업으로 인해 시작된 노사분규이다. 회사는 공인노무사의 자문을 통해 대응을 했는데 결국 회사 대표가 벌금형을 받게 된 것이다. 친노동, 반시장적인 노동관계법과 법원 판결로 기업들이 큰 피해를 보고 있다.

대법원 판결 무시하는
포퓰리즘 정책

　　대법원 확정판결을 뒤집는 문재인 정권의 포퓰리즘(인기영합주의) 정책은 끝이 없다. KTX 여승무원 해고, 쌍용자동차 노동자 해고, 용산 참사 진압 공권력의 정당성 등을 인정하는 대법원의 확정판결이 났지만 현 정부는 판결을 무시하는 정책들을 잇따라 내놓으며 사법정의를 흔들고 있다. KTX 여승무원 복직 사건은 대법원 판결을 뒤집은 대표적인 친노동 포퓰리즘 정책으로 꼽힌다. 노무현 정부 시절인 2006년 철도유통과 KTX관광레저 소속이었던 KTX 여승무원 180명은 코레일(한국철도공사)에 직접 고용을 요구하며 파업을 벌이다 해고됐다. 해고 여승무원들은 이에 불복해 2008년 11월 코레일을 상대로 해고무효 소송을 냈다.

　　KTX는 코레일에서 직접 운영하기 때문에 자신들을 코레일 정규직으로 직접 고용하는 게 맞다는 게 소송 이유였다. 이들은 1심과 2심에서 이겼다. 하지만 대법원은 2015년 2월 코레일과 코레일에 파견된 여승무원 사이에 직접 고용관계가 성립하지 않는다고 판단했다. 코레일이 여승무원 업무에 대한 지휘와 명령을 하지 않은 데다 채용과 근무관리를 철도유통과 KTX관광레저에서 책임졌다는 이유에서였다. 이 사건은 대법원 판결 후 일단락되는 듯했다.

그런데 2018년 양승태 대법원장 시절의 재판거래 의혹 중 하나로 제기되면서 다시 논란이 됐다. 이 의혹으로 인해 복직을 요구하는 해고승무원들의 반발이 다시 거세졌고 결국 2018년 7월 코레일과 철도노조가 교섭을 벌여 KTX 해고승무원 복직에 전격 합의한 것이다. 이에 대해 오영식 코레일 사장은 언론과의 인터뷰에서 "12년 동안 지속된 사회적 갈등을 해소하는 차원에서 합의한 것"이라며 궁색한 설명을 내놓았다. 사회적 갈등을 오래 빚은 사건에 대해선 대법원 판례를 거스르는 정치적 결정을 내려도 괜찮다는 뜻으로 들린다. 대법원 판결을 뒤집는 이같은 결정은 해고를 둘러싸고 갈등을 빚는 많은 사업장에 원칙을 무너뜨리고 혼란을 부채질하는 요인으로 작용할 수 있다.

문재인 정권의 포퓰리즘 정책은 이뿐만이 아니다. 쌍용자동차 노사가 2018년 10월 해고자 119명에 대해 전원 복직시키기로 합의한 것도 원칙을 벗어난 정책으로 꼽힌다. 대법원은 2014년 쌍용차의 정리해고를 인정하는 확정판결을 내렸다. 그런데 문재인 대통령이 2018년 7월 인도 국빈 방문 중 쌍용차 대주주인 마힌드라그룹의 아난드 마힌드라 회장을 만나 해고자 복직 문제에 대해 관심을 가져 달라고 주문 한 뒤 쌍용차 회사 측이 복직을 약속한 것이다. 대법원 확정판결로 정리해고의 적법성을 인정받았는데 대통령이 이를 무시하고 기업의 고유권한인 인사경영권에 개입한 셈이다. 이 때문에 경영환경이 좋지 않아 인원감축에 나서야 할 쌍용차가 인원을 더 늘려야 했다. '울며 겨자 먹기 식'이 따로 없다. 쌍용차는 2009년 이후 2016년을 제외하고 매년 적자 상태다.

공장가동률도 58% 수준으로 낮은 편이다. 그동안 어려운 경영환경 속에서 해고자에 대한 복직노력을 끊임없이 해왔던 쌍용차는 자동차업황이 나빠지면서 인력 조정 방안을 검토해 온 상황이었다. 그러나 문 대통령의 해고자 복직 요구 이후 쌍용차 회사 측과 노동조합, 금속노조 쌍용차지부, 경제사회노동위원회 간 '노·노·사·정' 합의에 따라 해고자 119명을 복직시키기로 합의한 것이다. 복직대상자 중 71명은 2018년 12월 복직했고 나머지 48명은 2019년 7월 재입사해 무급휴직을 하다 유급휴직으로 전환한 상태다.

2009년 발생한 용산 참사사건에 대한 대법원 판결을 뒤엎은 경찰청 인권침해사건 진상조사위원회의 권고도 공권력의 정당성을 무시한 조치라고 볼 수 있다. 조사위는 "용산 참사의 책임은 안전 조치가 미흡한 상태에서 진압을 강행한 경찰 지휘부에 있다"며 경찰에 사과할 것을 권고했다. 정당하게 행사한 공권력을 가해자로 둔갑시켜 매도한 것이다. 용산 참사 당시 철거민 등은 건물 옥상에 다량의 화염병과 시너 통을 쌓아놓고 농성을 벌여 주변에 있는 시민뿐 아니라 시위 당사자들의 안전도 상당히 위험에 처해 있었다. 이러한 위기 상황에서 경찰특공대의 진압은 당연한 조치였다. 미국에서는 화염병과 시너통을 쌓아놓고 벌이는 시위는 테러로 간주해 공권력이 총기 등을 동원해 강력 제압한다.

진압과정에서 발생한 불의의 화재로 특공대원 1명과 철거민 5명이 사망했지만 충분한 안전 장비를 동원하지 않았다고 해서 참사의 책임을 공권력에 돌리는 것은 국민의 안녕과 질서를 책임지는 공권력의 위상을 추락시키는 조치에 다름 아니다. 법과 원칙이 살아있는 정상적인 국가에선 찾아보기 어려운 사례다. 대법원은 용산 참사에 대해 '경찰 진압작전을 위법한 직무집행이라고 볼 수 없다고 판단한 원심 판결은 정당하다'고 판단했다. 검찰도 당시 "경찰에 안전대책 소홀과 과잉진압의 책임을 물을 수 없다"고 밝혔다. 김석기 당시 서울경찰청장도 "비슷한 상황이 오면 똑같은 결정을 하겠다"고 말했다. 당시의 상황에서 공권력 집행이 정당했다는 의미다. 그런데 조사위는 공권력의 정당성을 인정치 않아 법치를 왜곡시키고 있다.

용산 참사가 경찰 지휘부의 무리한 작전 때문이라는 위원회의 판단은 공권력의 역할과 정당성을 인정하지 않고 시위대의 피해만을 부각시킨 데 따른 것이다. 공권력을 적절하고 정당하게 행사하는 건 국가운영을 위해 반드시 필요하다. 공권력이 너무 지나쳐도 안 되지만 너무 소극적으로 행사되어도 법치주의가 위협 받을 수 있다. 공권력은 특정 세력이 아닌 다수 국민의 이익과 행복을 보호하기 위해 행사하는 국가적 권력이다. 문재인 정부가 대법원 판결을 뒤엎고 정당한 공권력 행위마저 무시하는 정책을 펼친다면 앞으로 법과 원칙을 생명으로 하는 공권력의 위상이 크게 위축돼 국민의 안정과 행복권의 침해로 이어질 수 있다.

노동이사제
우리 현실에 맞나

노동이사제 도입 바람이 전국 지자체 산하기관으로 확산되고 있다. 2017년 노동이사제를 가장 먼저 도입한 서울시는 '근로이사제 운영에 관한 조례'를 제정한 뒤 16개 기관에서 22명의 노동이사가 활동 중이다. 인천시의 경우 인천도시공사 등 7개 공공기관에서 도입했고 경기도는 산하 25개 공공기관 중 경기도시공사 등 11개 공공기관에 대해 노동이사를 선임했다. 광주, 부산, 경남, 대구 등 다른 지자체들도 노동이사제를 도입했거나 도입중이다. 민간에서는 KB국민은행·IBK기업은행에서 노동이사제 도입을 시도하고 있다.

문제는 산별노조체제인 유럽 국가에서 보편화되고 있는 노동이사제가 기업별 노조체제 중심인 우리나라 공공기관에서 도입하고 있다는 점이다. 이 때문에 노동이사제가 제 역할을 할 수 있느냐는 의문이 제기된다. 노동이사제는 노조가 추천한 노동자 대표가 의결권을 갖고 기업 이사회에 직접 참여해 발언권과 의결권을 행사하는 제도이다. 경영계는 노사협력 수준이 세계 최하위권인 우리나라에서 이 제도가 도입되면 기업의 의사결정이 늦어지고 노사갈등을 부추길 요인으로 작용할 것을 우려한다. 이에 반해 노동계의 요구를 수용한 지자체들은 노동자 대표가 이사회에 이사로 참여하면 공동결정에 따른 책임감을 느껴 효율적인 기업 경영이 가능해지고 노사갈등도 줄어들 것이라고 주장한다.

하지만 공기업에 노동이사제가 도입되면 공기업 단위에서 추진되는 혁신경영은 상당한 차질을 빚을 것으로 우려된다. 주인 없는 공기업들이 노동권력의 눈치를 살피는 상황에서 노조 측 대표가 노동이사회까지 참여하게 된다면 회사가 추진하는 경영사항들을 속속들이 알게 되고 결국 노동자들에게 불리한 노동개혁이나 경영혁신은 저항을 받을 수밖에 없다.

독일을 포함한 유럽 국가들은 대부분 노동이사제를 도입하고 있다. 유럽노동조합연구소에 따르면 유럽 경제권에 속한 31개 국가 중 독일 · 스웨덴 · 덴마크 · 네덜란드 등 14개 국가는 공기업과 일반기업에 노동이사제를 의무화하고 있고, 스페인 · 그리스 · 아일랜드 등 5개 국가는 주로 공기업에 의무화하고 있다. 나머지 12개 국가는 적용하지 않거나 매우 제한된 방식으로 운영하고 있다.

주주자본주의가 정착된 미국에는 노동이사제를 의무화하는 조항이 없다. 일본은 지난 2014년 회사법 개정 작업을 추진하면서 정부가 노사공동결정제도 도입을 검토했지만, 노동법학자들과 경영계의 반대로 도입이 무산됐다. 일본 노동법학자들은 산별노조 체제인 유럽에서 시행하고 있는 노동이사제를 기업별 노조체계인 일본에 도입하는 것은 실효성이 없다는 이유를 들어 반대했다. 일본처럼 기업별 노조체제가 정착돼 있는 우리나라에도 노동이사제를 도입하는 것은 적절치 않다.

독일 노동이사회의 의사결정 대상은 인수합병, 신규사업 진출, 구조조정, 공장이전, 인사징계, 근로자 전환배치, 단축노동 및 해고 등 다양하다. 하지만 독일의 공동결정제는 노조의 경영권 개입을 제한하고 있다. 노조의 경영참여를 인정하지만 기업의 핵심 경영문제에 대해서는 기업 스스로 결정하고 있다. 노조는 의견만 개진하고 기업은 이를 참고만 할 뿐이다. 실제로 지멘스가 지난 2004년 노조의 반대에도 불구하고 헝가리 지역으로 공장이전을 결정했다. 당시 노조는 회사 측이 요구한 임금 인상 없는 근로시간연장에 거세게 반대했다. 그러자 회사는 노조의 반대가 계속되면 공장을 이전하겠다고 으름장을 놓았다. 지멘스는 공장이전을 위해 헝가리에 50만 평의 부지를 구입했던 것으로 알려졌다. 경영권에 관한 사항이었지만 회사는 노조의 동의를 얻지 않았다. 노조는 회사 측의 요구에 무릎을 꿇을 수밖에 없었다. 일자리를 잃지 않기 위해서였다. 우리나라 노동계가 유럽의 공동결정제도를 마치 노조 동의를 전제로 운영되는 것으로 해석하는데 실제는 그렇지 않다.

노동자의 경영참여가 가장 먼저 이루어진 나라는 독일이다. 독일에선 노동이사제를 공동결정제라고 부른다. 노동자 가운데 선출된 노동이사와 주주총회에서 선출된 이사가 동수로 이사회를 구성해 주요 안건을 공동결정하기 때문에 붙여진 이름이다. 노동자와 주주가 동등하게 이사회를 구성하도록 규정한 1951년 '광산철강산업 공동결정법'이 출발점이다. 1976년 노사 동수의 이사회 구성을 핵심 내용으로 하는 공동결정법이 의회에서 통과되면서 500인 이상 대기업에 의무화됐다.

노조의 경영참여를 취재하기 위해 2010년 북유럽 기업들을 방문할 기회가 있었는데 북유럽에서도 노조의 경영참가가 제한적으로 허용되긴 마찬가지다. 노르웨이에서는 사용자가 공장이전, 신제품개발 등을 할 경우 노동이사회에서 설명과정을 거치고 노조에도 충분히 설명하지만 노조의 합의를 거칠 필요는 없다. 스웨덴 역시 기업이 공장이전을 결정하면 노조는 이에 반대의견을 나타낼 수 있지만 기업의 결정을 철회시키지는 못한다. 스웨덴 공동결정법에 사용자는 공장폐쇄, 신기술 도입, 제품개발 등과 관련해 노조와 협의하도록 명시하고 있지만 노조의 동의까지 얻을 필요는 없다. 스웨덴 방문 때 만난 TCO(사무직노조연맹) 관계자는 "노동조합의 경영참여는 법으로 보장돼 있지만 노조가 기업의 의사결정에 과도하게 참여해 경영권을 침해하는 경우는 없다"고 잘라 말했다. 노조의 제한적인 경영참여는 덴마크에서도 마찬가지다. 덴마크의 세계적인 제약회사 노보노디스크 간부는 "지금껏 노조에서 신약개발, 해외공장 신설 등 경영권에 대해 간섭한 적은 한 번도 없었다"고 설명했다.

유럽의 노조들은 기업 울타리 밖에서 노조활동을 하는 산별노조체제를 택하고 있다. 그러다보니 대부분 기업의 공동결정제도는 노조가 아닌 근로자의 경영참여를 규정하고 있다. 공동결정제도에서 노동자의 경영참여 주체는 종업원평의회에 있지 노조에 있는 게 아니다. 노조원이 종업원평의회 회원이긴 하지만 경영참여의 주체는 파업권이 없는 종업원 평의회 소속인 일반 근로자들이다. 독일의 경우 사업장 내 종업원평의회 와 사업장 밖에 있는 산별노조는 기능적으로 분리돼 있다.

우리나라 경영계가 노조의 경영참여에 반대하는 것은 우리나라 노조가 기업별 노조체제 중심으로 엮어져 있기 때문이다. 노동자의 경영참여가 허용되면 노사협의회(유럽의 종업원평의회)는 뒷전이고 노동조합이 경영에 개입할 가능성이 크다. 우리나라 노사협의회는 노조의 포로가 돼 있는 경우가 많기 때문이다. 이러다 보니 노조가 과도하게 경영에 간섭하는 측면도 있고 제도적으로 보장된 근로자들의 경영참가가 제대로 활용되지 않는 측면도 있다. 공기업들이 도입 중인 노동이사제는 공식화된 노사협의제도에 의한 참여라기보다는 노조의 교섭력과 현장권력을 이용한 경영개입 형태로 볼 수 있다. 경영에는 반드시 책임이 수반된다. 경영은 전문분야다. 그런데도 전문성이 없는 노조가 책임은 지지 않고 경영의 의사결정권에 개입하는 것은 회사의 경영활동에 막대한 지장을 줄 수 있다. 신속한 의사결정이 이루어져야 하는 4차 산업혁명 시대에 노동이사제는 경영활동에 걸림돌로 작용할 가능성이 높다.

진보적 사법권력과
노동법학계

문재인 정부 들어 김명수 대법원장이 사법부의 총사령탑을 맡은 이후 진보성향의 법관들이 사법부 요직을 장악하고 있다. 헌법재판소장에 유남석 헌법재판관이 임명돼 사법부의 투톱인 대법원과 헌재의 수장 자리를 진보성향 법관 출신이 꿰찼다. 이들은 진보성향 판사모임인 '우리법연구회' 출신이다. 김명수 대법원장은 국제인권법연구회 초대와 2대 회장을 지냈다. 유남석 헌재소장은 강금실 전 법무부 장관 등과 우리법연구회 창립을 이끈 것으로 알려져 있다. 그는 1988년 김용철 대법원장의 유임에 반대한 '2차 사법파동'을 주도한 법관 가운데 한 명이다.

대법관, 헌법재판관을 비롯 법원 내 주요 요직은 우리법연구회와 국제인권법연구회 소속 인사들이 장악했다. 국제인권법연구회는 우리법연구회의 후신 격이다. 현 정권은 대법원장을 포함, 대법관 14명 중 13명을 바꾸게 된다. 김 대법원장을 비롯해 조재연, 박정화, 민유숙, 김선수, 이동원, 노정희, 김상환, 안철상 대법관 등 9명은 문재인 대통령이 임명해 진보성향으로 평가받는다. 이 중 김 대법원장을 비롯 노정희, 박정화 대법관이 우리법연구회 출신이다. 김상환 대법관은 국제인권법연구회 출신이다. 김선수 대법관은 민주사회를 위한 변호사모임(민변) 출신으로 진보성향이다. 2021년까지 4명을 더 교체하게 된다. 대법원 내 진보성향의 대법관들이 더 늘어나게 된다.

헌법재판관도 9명 중 이선애 재판관을 제외한 8명이 바뀌었다. 문형배 부산고법 수석부장판사와 이미선 서울중앙지법 부장판사가 헌법재판관으로 가면서 헌재 재판관의 성향이 진보색채를 더 짙게 했다는 평가를 받는다. 문형배 재판관은 우리법연구회 회장을 지냈고, 이미선 재판관은 우리법연구회의 후신인 국제인권법연구회 창립 멤버다. 김기영 재판관 역시 국제인권법연구회 회원이다. 이석태 재판관은 진보성향 변호사단체인 '민변' 출신이다.

진보성향 재판관들이 수적 우위를 점해 헌재 결정에 많은 변화가 올 것이란 지적도 있다. 문 대통령 취임 이후 2년 만에 친정부 성향의 재판관이 6명으로 늘어 위헌 결정 정족수를 확보하게 됐기 때문이다. 헌법재판관은 헌재소장을 포함해 모두 9명이다. 대통령이 3명, 국회가 3명, 대법원장이 3명을 각각 지명해 청문회를 거쳐 대통령이 임명하도록 돼 있다. 정치적 편향성을 막고 균형 있는 결정을 내리기 위한 구조다. 하지만 전직 대통령 탄핵으로 2017년 5월 새 정부가 출범하면서 임기 6년을 끝마친 재판관 8명이 바뀌었다. 최근 전격적으로 낙태죄 폐지 결정을 내렸던 헌재가 군 동성애 처벌이나 사형제 폐지 등에서도 전향적 판단을 내릴지 주목된다.

사법부가 노동관련 사건에 대해 전향적 판결을 무더기로 내린 것은 진보적 성향을 띤 대법관들이 대법원에 대거 합류한 때문으로 보인다. 2019년 2월 육체노동 연한을 기존 60세에서 65세로 30년 만에 변경한 대법원 전원합의체 판결은 대표적인 진보적 결정으로 꼽힌다. 이 판결로 정년·연금제도·보험요율 등 사회 각 분야에서 노동의 가치 계산이 달라지게 됐다. 이에 반해 2018년 12월 다스를 비롯 2019년 2월 시영운수, 4월 예산교통, 5월 한진중공업과 한국남부발전 등의 통상임금 소송에서 회사들의 경영난은 하나도 인정하지 않았다. 대법원은 지난해와 올해 특수고용 학습지 교사와 방송 연기자, 구두 제화공, 철도역 위탁매점 운영자까지 모두 노조법상 근로자가 맞다는 판결을 내놓았다. 대법원 판결이 눈에 띄게 노동자 쪽으로 기울어진 것이다.

우리법연구회 출신 판사들의 진보적 판결도 주목받는다. 민노당 당직자의 폭력혐의에 대한 공소 기각, 용산 사건 미공개 기록의 공개, '강기갑 공중부양' 무죄, PD수첩 무죄 등의 판결이 우리법연구회 소속 판사들이 주도한 '작품'이다. 진보성향의 판사들이 사법부의 요직을 장악하면서 앞으로 노동관련 사건들에 대한 판결은 더욱 노동편향적으로 기울어질 것으로 우려된다.

노동법학계 역시 노동문제와 관련, 노동계에 편향된 시각을 보이고 있다는 지적이 많다. 우리나라 노동법학자 가운데 진보성향이 70~80%에 달하는 것으로 학계는 추산한다. 이 때문에 파업기간 중 대체근로허용, 노조의 부당노동행위, 노동시장 유연성 등 대부분의 선진국들이 시행하는 법과 제도 도입의 필요성에 동조하는 학자는 소수에 그치고 있다. 아무리 합리적이고 선진국에서 통용되는 제도라고 해도 우리나라 노동단체들이 반대하는 제도에 대해 찬성표를 던지는 경우는 거의 없다. 헌법에 보장된 노동3권에 부합하지 않는다는 게 주요 반대이유다.

노동법학계에선 친기업적 정책을 지지하는 학자들은 '왕따'를 당하고, 친노동, 반시장의 진보성향 학자들은 대접(?)을 받는 분위기다. 이러다보니 정부가 글로벌스탠더드에 맞게 노동시장 유연화 정책을 도입하려해도 친노동 성향의 노동법학자들 반대에 부딪혀 법안조차 못 내는 경우가 많다.

우리나라 노동법학계는 진보성향의 S대 법대 출신과 합리적 보수로 평가 받는 K대 법대 출신이 양분하고 있는 형국이다. 수적으로 S대 법대 출신이 많아 K대 출신과 단순비교는 무리가 따를 수 있다. 그럼에도 양 대학 출신들의 시각이 뚜렷한 차이를 보이고 있어 노동법학계에선 비교 대상으로 삼곤 한다. S대 법대 출신 노동법 전공자들은 대부분 국내에서 박사학위를 받은 데 반해 K대 법대 출신들은 독일에서 학위를 받은 경우가 많다.

노동인권과 노동법리를 중시하는 S대 출신 국내학자들은 노동권 보호 논리에서 크게 벗어나지 못했다는 비판을 받는다. 반면 독일에서 공부한 K대 법대 출신들은 계약법과 노사자치주의도 함께 공부해 균형 있는 시각을 가졌다는 평가를 받는다. S대 법대 출신들은 학자와 판사, 변호사를 중심으로 1988년 S대 노동법연구회를 결성해 진보적 성향의 여러 정책들을 연구하고 제안해 왔다. 연구회에는 학생운동에 참여했다가 교수 또는 법조계에 발을 들여 놓은 사람들이 많다 보니 자연스럽게 진보 성향의 모임이 된 것으로 알려졌다. 학자와 판사, 검사, 변호사 등 130여 명으로 구성된 연구회 멤버들은 우리나라 노동법 개정과 노동관련 판결에 상당한 영향을 미쳐왔다. K대 법대 출신 학자들이 주축이 돼 만든 노동법이론실무학회에는 K대 출신들을 중심으로 학자, 변호사, 노무사 등 100명 이상이 참여, 합리적인 노동법체계 확립과 노사관계발전에 많은 역할을 해오고 있다.

'노조공화국'
앞당길 헌법개정

문재인 정권이 2018년 3월 발표한 청와대 헌법개정안에는 장기집권의 틀을 만들려는 의도가 담겨 있다. 개헌안에는 권력구조 개편의 핵심인 '대통령 4년 연임제'를 비롯, 국민의 정치참여를 확대시키는 국민발안제·국민소환제, 동일가치노동 동일임금, 공무원의 노동3권 보장 등이 담겨 있다. 노동 분야의 경우 하나같이 국민의 기본권 권리와 거리가 먼 것들이어서 개헌안이 통과될 경우 시장경제 질서가 왜곡되고 기업들의 생산활동은 더욱 쪼그라들 것으로 우려된다. 또한 친노동 정책을 통한 '노조공화국'으로의 이동이 빨라져 포퓰리즘적인 분배·복지에 대한 사회적 욕구도 더욱 커질 것으로 우려된다. 노동과 자본의 대립적 구도를 고착화시키고 가뜩이나 경직된 노동시장을 더욱 경직되게 만들려는 것 아니냐는 생각도 든다. 노동분야의 개헌안에 대해 살펴본다.

먼저 **동일가치노동 동일임금원칙**을 헌법에 명시하겠다고 한다. 하지만 동일가치노동의 개념이 불분명해 노동가치의 동일성 판단을 위해 객관적 보편적으로 적용될 수 있는 공정한 기준 마련이 현실적으로 쉽지 않다. 서로 다른 노동이 동일가치인지를 계량화하여 비교하기란 어렵다. 노동의 정도, 노동가치의 수준을 비교하는 것은 일부 생산직을 제외하고는 사실상 불가능하다. 노동의 가치는 눈에 보이는 정량지표가 전부가 아니라 생산품의 품질, 업무 프로세스 전반의 수준 등 정성지표를 고려해야 합리적 측정이 가능하다. 동일노동의 경우 한 사업장에서 같은 일을 하는 정규직과 비정규직이 서로 고용형태가 다르다고 해서 차별대우를 받아선 안 된다는 개념이다. 동일노동 동일임금은 투입요소(역량, 능력, 근속연수 등) 또는 산출요소(산출물, 성과)와 무관하게 노동과정(노동량)에 초점이 맞춰진다.

동일가치노동은 동일노동과는 전혀 다른 개념이다. 다른 일을 하더라도 같은 생산성을 만들어 낸다면 동일가치노동에 해당된다. 그러나 같은 노동을 했더라도 다른 결과물을 생산해낸다면 동일가치노동으로 보기 어렵다. 헌법에 동일가치노동이라는 개념을 명시하고 이를 전제로 동일임금을 지급하도록 하는 것은 헌법의 규범력을 훼손하는 결과를 초래한다. 동일가치노동에 대해 노동시장 참여주체들의 공감을 형성하지 못한 상태에서 동일임금 지급을 강요하는 것은 우리 헌법 정신에 반할 뿐이다.

지식노동의 중요성이 강조되는 4차 산업혁명 시대에 노동에 대한 가치평가는 더욱 개별화·세분화된다. 근로자들은 능력에 상관없이 동일임금을 받는 것보다 자신의 노동투입량과 능력에 걸맞게 성과에 따른 임금을 원한다. 인간노동의 창의성과 자율성이 중요시 되는 4차 산업혁명 시대에는 더욱 그렇다. 동일가치노동 동일임금 논의는 정신노동보다 육체노동이 생산량을 지배하던 공장제시대에나 어울린다. 아직 개념도 정리되지 않은 '동일가치노동' 원칙을 헌법에 명문화한다는 것은 자유시장경제를 부정하자는 얘기로밖에 들리지 않는다.

동일가치노동 동일수준 임금의 이론적 배경은 애덤 스미스, 리카르도에 이어 카를 마르크스로 이어지는 고전경제학파의 '노동가치설'에 근거를 두고 있다. 이들은 상품의 가치가 인간의 투입된 노동량에 의해 결정된다고 주장했다. 생산성은 별로 중시하지 않았다. 마르크스는 노동가치설을 토대로 잉여가치론을 구성했고, 이 잉여가치론을 자본주의 경제에 대한 분석장치로 삼아 자본주의의 경제적 운동법칙을 설명했다. 자본주의의 착취적 본질과 자본주의의 필연적 멸망을 주장한 것이다.

하지만 마르크스의 이 경제이론은 많은 비판을 받았다. 인간의 노동력이 상품의 가치를 창조하는 게 아니라 효용이 상품의 가치를 창조한다는 '효용가치설'의 등장 때문이다. 예컨대 삼류 배우와 일류 배우가 하나의 영화를 찍기 위해 비슷한 시간을 투입했는데 출연료는 엄청난 차이가 난다는 점을 노동가치설은 설명하지 못한다. 이렇게 볼 때 동일가치노동 동일임금 원칙은 산업구조와 노동형태가 다양해지는 4차 산업혁명 시대에는 맞지 않는다.

둘째, **근로의 명칭을 노동으로 변경**하자는 것도 많은 문제를 내포한다. 개헌안에는 제헌헌법 제정 이후 현재까지 사용해온 '근로', '근로자'라는 용어를 '노동', '노동자'로 바꾸는 내용을 담고 있다. 법률이나 일상생활에서 노동과 근로가 혼용되어 혼란이 야기된다는 이유에서다. 사전적 의미로 볼 때 근로는 부지런히 일하다는 뜻으로 성실과 근면을 의미한다. 반면 노동은 몸을 움직여 애써 일한다는 의미로, 육체적 수고와 고통의 의미가 담겨 있다. 문재인 정부는 근로, 근로자는 헌법 제정 당시 체제 대립적 상황을 고려한 측면이 큰데 이제 그러한 상황을 극복한 상태여서 노동, 노동자를 헌법상 용어로 사용하는 게 맞다는 입장이다. 문재인 정부의 국정 기조인 '노동 존중사회'의 의미를 헌법에 담기 위해 노동이라는 용어를 채택했다는 해석도 있다. '노동'이라는 용어는 자본과 대립적인 관점, 즉 마르크스적 관점에서 만들어진 용어여서 노동계와 시민단체 등에서는 '노동' 사용에 적극 찬성이다.

하지만 많은 국민들은 '근로'를 사용하든, '노동'을 사용하든 별로 신경 쓰지 않는다. 일상생활이나 법률에서 두 용어에 큰 차이를 느끼기 어렵고 이데올로기적으로도 특별히 거부감이나 불편을 갖지 않는다. 관행적으로 써온 용어를 급격히 변경하면 혼란만 줄 뿐이다. 굳이 헌법을 개정하면서까지 용어를 통일시켜야 할 필요성이 있는지도 의문이다. 그럼에도 굳이 근로를 노동이란 용어로 바꾸려는 것은 노동계나 좌파진영에서 노동이란 용어에 이념적 가치를 부여한 때문으로 보인다. 이들은 노동을 자본에 대립해야 하는 마르크스적 개념으로 생각하는 경향이 있다. 사용자나 기업가도 자본 또는 자본가로 부르면서 이념적 대립각을 형성해왔다.

셋째, **권익보호를 위한 단체행동** 명시는 노조의 파업권을 폭넓게 보장
해주자는 것이다. 경영상 어려움을 겪을 때 기업들이 정리해고를 단행하
고 노조가 이에 반대해 파업을 벌이면 현행 노동법에선 불법으로 간주한
다. 회사의 고유권한인 인사경영권에 노조의 반대를 인정하지 않았기 때
문이다. 현행 헌법에도 노동자의 합법적 단체행동권 행사의 범위를 임
금 복지 등 '근로조건의 향상을 위하여'로 규정하고 있다. 그런데 개헌안
에는 '노동자는 노동조건의 개선과 그 권익의 보호를 위하여 단체행동권
을 가진다'고 규정했다. 단체행동권 행사의 범위를 '권익 보호'로까지 확
대한 것이다. 정리해고는 노동자 생존의 근본을 흔드는 것인데 생존권을
위한 단체행동권을 인정하지 않는 것은 노동기본권을 보장하는 헌법정
신에 부합하지 않는다는 주장이다. 권익보호를 위해 단체행동권을 행사
할 수 있게 되면 정리해고 반대파업을 비롯, 단체행동에 나설 수 있는 범
위가 넓어지게 된다. 이렇게 되면 회사 측의 정당한 경영권 행사의 범위
로 간주돼 온 민영화, 인수·합병(M&A), 채용, 해고 등에 대해서도 노동
자들의 단체행동이 가능해진다.

정리해고를 둘러싼 노사현장의 파업강도도 세질 것으로 보인다. 2009
년 쌍용차 노조가 구조조정에 반대하며 벌인 77일간의 옥쇄파업은 불법
이었기에 공권력 투입으로 강제진압이 가능했고 파업사태도 중단될 수
있었다. 그런데 정리해고 반대 파업이 합법화된다면 회사가 문을 닫을
정도로 어려워져 정리해고를 실시해도 집단행동을 통한 노조의 저항은
더욱 거칠어질 수밖에 없다. 더욱이 쌍용차 사태 때도 그랬지만 정리해

고 반대파업이 일어나는 사업장에는 정치권, 노동단체, 시민단체 등 외부세력들이 몰려들어 사태가 꼬이는 경우가 많다. 이 파업이 합법화된다면 노사 간 정상적인 해결은 기대하기 어려울 것이다.

넷째, **공무원 노동3권** 인정이다. 현행 공무원노조법과 교원노조법은 단결권과 단체교섭권만 보장하고 단체행동권은 제한하고 있다. 하지만 대통령 개헌안에는 공무원의 단체행동권을 원칙적으로 인정하고 있다. 다만 현역 군인 등 법률로 정한 예외적인 경우에만 이를 제한할 수 있게 했다. 신분이 보장된 '철밥통 공무원'에게 파업권까지 주는 게 적절하냐는 비판이 나온다. 헌법에 공무원의 노동3권을 보장하는 내용이 담기면 노동단체는 이를 근거로 공무원노조법과 교원노조법의 개정을 요구하게 될 것이다. 이렇게 되면 소방공무원·경찰공무원뿐 아니라 국공립학교 교사도 파업에 가담할 가능성이 높아진다. 노동3권을 우리나라처럼 모두 보장하는 나라들은 극히 소수에 불과하며 아예 헌법에 없거나 넣더라도 제한적으로 명시하는 경우가 대부분이다. 노동3권을 헌법에 명시한 국가는 프랑스, 이탈리아, 그리스, 스페인, 일본 등 5개국이다. 반면 미국, 네덜란드, 덴마크, 노르웨이 등은 아예 헌법에 노동3권이 규정되어 있지 않다. 독일의 헌법은 단결권만 보장하고 있다. 스웨덴 헌법은 근로자의 단체행동권만 규정하는데 사용자의 행동권과 함께 보장한다.

다섯째, **노사대등결정의 원칙**이다. 이는 노사 간 힘의 균형을 고려한 조치로 보인다. 노동조건의 결정 과정에서 힘의 균형이 이루어지도록 노사 결정의 원칙을 명시한 것이다. 미국에선 1947년 태프트-하틀리법에 노사대등의 원칙을 천명했다. 1935년 미국의 노동 헌장이라고 일컬어 지고 있는 와그너법의 제정으로 미국의 노동운동이 급격하게 발전하면서 노조의 힘이 사용자를 압도하자 균형점을 찾아주기 위해 마련한 것이다. 1947년 6월 노조의 반대와 대통령 트루먼의 거부권을 물리치고 태프트-하틀리법이 제정됐다. 이 법은 노조의 부당노동행위 금지, 클로즈드 숍의 금지(유니언숍만 인정), 국민의 건강과 안전을 위협하는 쟁의에 대한 긴급조정제도 도입 등 노조의 권한을 대폭 제한하는 내용을 담았다. 그런데 문제인 대통령 개헌안에 들어간 '노사대등결정의 원칙'은 노조권력을 줄이는 게 아니라 노조권력을 키우기 위한 것이다.

청와대는 대통령 개헌안을 발표하면서 노동권을 확대하는 것이 사회경제적 민주화를 위해서라고 했다. 헌법에서 시장경제를 없애고 사회경제로 대체하겠다는 것이다. 4차 산업혁명 시대를 맞아 고용시장에는 변화의 바람이 거세다. 1차, 2차 산업혁명 이후 지금까지 육체노동을 통한 생산방식은 급격히 자취를 감추고 있고 로봇이나 인공지능을 통한 혁명적 생산시스템이 일자리를 빠르게 대체하고 있다. 헌법개정이나 노동법제의 틀은 시대흐름에 맞게 짜여야 한다. 노사관계는 공정한 게임 룰과 원칙을 통한 해결책이 중요하다. 시장경제 대신 사회경제체제로 나가기 위한 노동 편향적인 개헌은 노동자들의 권리의식만 높일 뿐, 국가 경제나 기업의 생산활동, 일자리창출에는 전혀 도움이 안 된다는 점을 유념해야 할 것이다.

3부

포풀리즘 vs 노동개혁,
국가 명운 가른다

아르헨티나의 눈물,
페론주의

2019년 8월 12일(현지 시간) 월요일.
아르헨티나 금융시장은 그야말로 패닉상태에 휩싸였다. 주가는 37.9%
나 폭락했고 페소화 가치는 달러화 대비 17% 떨어졌다. 아르헨티나 대
선 예비선거에서 페론주의 성향인 중도좌파 연합의 알베르토 페르난데
스가 완승을 거두자 금융시장이 큰 타격을 받은 것이다. 금융시장의 불
안감은 곧바로 이자율에 반영되었다. 60%대를 유지해오던 아르헨티나
의 금리는 대선예비선거 후 74.8%까지 치솟았다.

페론주의를 표방한 '모두의 전선' 후보로 나선 페르난데스는 대선 예비
선거에서 47.7%를 얻어 32.1%를 획득한 친시장주의 성향의 현직 마우
리시오 마크리 대통령을 가볍게 제쳤다. 4년 전 페론주의 포퓰리즘에 실
망해 마크리 대통령을 선택했던 아르헨티나 국민들이 다시 좌파 정권을
택한 것이다. 페르난데스는 10월 치러진 대선에서 당선을 확정지었다.

변호사 겸 법학 교수 출신인 페르난데스는 온건 페론주의자로 분류된다. 페론주의는 후안 도밍고 페론 전 대통령을 계승한 정치 이념으로 민족주의이자 포퓰리즘 성향을 지니고 있다. 페론주의를 파시즘의 일종으로 보는 학자들도 많다.

아르헨티나의 현대 정치사는 페론당(정의당)의 역사라고 해도 과언이 아니다. 수십 년간의 군사독재 정권을 끝내고 1983년 민주주의가 된 이후 아르헨티나 대선에선 페론주의자가 압도적으로 승리했다. 10명의 대통령 중 7명이 좌파성향의 페론주의자였다. 나머지 중도 또는 우파 성향 가운데 2명의 대통령은 경제실정을 이유로 임기를 마치지 못했다. 마크리 전 대통령은 "포퓰리즘에서 나라를 구하겠다"는 구호를 내걸고 2015년 대선에서 당선됐지만 4년 만에 치러진 대선에서 무릎을 꿇었다.

페론주의는 1947년 집권한 후안 도밍고 페론 대통령과 부인 에바 페론이 내세운 사회적 경제 정책이다. 이 정책은 외국자본 배제, 산업국유화, 복지확대, 노동자의 임금인상 등으로 요약된다. 국민들은 페론의 복지 포퓰리즘에 환호했다. 정부는 포퓰리즘 정책을 펼치기 위해 수입보다 더 많은 재정을 지출했다. 2018년 재정적자는 GDP(국내총생산) 대비 7%에 육박했다. 2009년 1.5%에서 4배 이상 뛴 것이다. 모자라는 돈은 외국에서 빌려오거나 중앙은행에서 돈을 찍어 조달했다. 마크리 전임 대통령은 긴축을 통해 재정적자를 줄이고 물가를 잡으려 했지만 국민들 반발에 부딪혀 친시장적 경제 정책을 포기해야 했다. 공짜에 맛들인 국민들에게 페론주의는 '마약'이나 마찬가지였다. 페론주의는 아르헨티나 경제 정책의 근간을 이루었지만 경제를 병들게 한 주범이기도 했다.

우파 정권이 노동개혁과 시장주의를 내세우며 정권을 잡아도 페론주의를 외면하기 쉽지 않았다. 선심성 포퓰리즘에 타성이 젖은 국민들이 개혁을 달가워하지 않았기 때문이다. 우파인 마크리 전 대통령이 2019년 대선 때 자신의 부통령 러닝메이트로 정의당 상원 원내대표인 미겔 앙헬 피체토 의원을 지명한 것도 페론주의 효과를 노린 것이다. 아르헨티나 국민들이 페론주의에 얼마나 심각하게 중독되어 있는지를 보여주는 사례이다.

1910년대까지만 해도 아르헨티나는 세계 10대 부국으로 미국, 캐나다, 호주 등과 더불어 세계에서 가장 잘사는 나라 중 하나였다. 프랑스, 이탈리아보다 더 부유했다. 아르헨티나는 제1차 세계대전 이후 유럽과의 무역거래서 경제 부침을 겪었지만 1930년대 들어 전세계를 강타한 대공황으로 인해 수출은 줄고 대외부채와 자본유출이 증가하면서 심각한 재정적자에 시달렸다.

경제위기가 지속되자 1943년 페론을 주축으로 한 청년 장교들이 쿠데타를 일으켜 정권을 잡았다. 새 정권에서 노동부 장관이 된 페론은 임금인상, 주 60시간 노동, 해고자 복직 등 노동자총연맹(CGT)의 요구를 정책에 적극 반영했다. 페론은 그 여세를 몰아 노동자당을 기반으로 정의당(페론당)을 만들어 1946년 대통령에 당선되었다. 페론은 대통령이 된 후 노동자들의 임금을 급격히 올렸고, 정부가 나서서 노동조합의 결성을 이끌었다. 민간 기업들은 국유화해 나갔다. 반수출·친내수 정책도 펼쳤다.

당시 페론의 경제 정책들은 지금 대한민국에서 펼쳐지고 있는 문재인 정부의 소득주도성장 정책과 닮았다는 느낌을 받는다. 과도한 최저임금 인상, 주 52시간제 시행, 해고자·실직자의 노조가입 허용 추진, 정부의 노조가입 유도 등은 페론주의를 떠올리게 하기에 충분하다.

페론은 포퓰리즘을 아르헨티나에 뿌린 장본인이다. '선한 의도'로 치장한 페론주의는 노동자, 서민들을 열광케 했다. 먹고 사는 문제가 해결되고 복지가 확대될 것이란 기대 때문이었다. 하지만 아르헨티나는 포퓰리즘의 후유증에 시달렸다. 페론주의는 돈이 필요했다. 재정은 늘 부족했다. 페론은 부족한 재정을 메우기 위해 중앙은행을 통해 돈을 마구 찍어냈다. 돈이 풀리자 물가가 치솟았고 실질임금이 떨어졌다. 노동자들의 삶의 질도 팍팍해져 갔다.

국민들의 불만은 높아만 갔고 결국 군부가 쿠데타를 일으켜 정권을 잡았다. 페론은 실각해 1955년 파라과이를 거쳐 스페인으로 망명생활을 떠났다. 그후 아르헨티나는 군부 독재가 장악했고 경제실정이 거듭됐다. 국민들은 페론 시대를 그리워했다. 군부는 결국 정권을 포기하고 페론의 귀국을 받아들였다. 1972년 국민들의 열렬한 환호 속에 귀국한 페론은 이듬해 대통령에 당선됐으나 1974년 노환으로 사망하고 말았다. 그의 세 번째 부인 이사벨은 부통령으로서 페론을 대신해 대통령직을 승계했지만 황폐해진 나라를 일으키는 데는 역부족이었다. 1976년 정권을 재탈환한 군부는 페론주의자들을 탄압하기 시작했다. 수많은 사람이 살해되고 사라졌다. 군부 독재는 관세를 낮추고 규제를 줄여 나가는 친시장 정책을 펼쳤지만 재정적자는 더욱 악화됐다. 1975년에 80억 달러이던 대외채무는 1981년 360억 달러로 4배 이상 급증했다. 군부가 재집권한 뒤 빚잔치만 한 셈이다. 군사 정권은 난국 타개를 위해 1982년 영국을 상대로 포클랜드 전쟁을 일으켰지만 패하고 정권까지 내주고 말았다.

1983년 아르헨티나에도 민주주의가 찾아왔다. 민주선거로 선출된 라울 알폰신 대통령은 페론주의로 복귀했다. 기업규제, 국유화, 재정확대 정책을 썼다. 페론주의는 경제를 회생시키는데 별 약효가 없었다. 불황이 극심해지면서 물가가 뛰었다. 1975년부터 1990년까지 15년 동안 평균 물가상승률이 325%에 달했다. 1989년에는 무려 5000%까지 치솟았다.

1989년 대통령이 된 카를로스 메넴은 페론주의와 결별했다. 그는 페론당 소속이지만 친시장 정책을 폈다. 수출 규제를 풀고 공기업을 민영화했다. 외국 자본들의 투자가 밀려들었다. 통화정책을 페그제(고정환율제도)로 바꾸자 물가가 잡히기 시작했다. 1996년엔 물가가 1% 밑으로 잡혔다. 그러나 페그제는 또 다른 역효과를 불렀다. 1999년 브라질 헤알화의 가치가 폭락하는데도 페소화는 평가절하가 불가능했다. 아르헨티나 제품들은 국제시장에서 경쟁력을 잃었다.

아르헨티나는 결국 IMF 구제금융을 다시 받았고 2002년에는 모라토리엄을 선언했다. 경제파탄에 분노한 국민들은 2003년 시장주의자인 메넴 대신 페론주의자인 네스토르 키르치네르를 대통령으로 선택했다. 그는 자유무역을 거부했다. 민영화했던 기업들을 다시 국유화했다. 페그제도 포기했다. 그 결과 30~40%에 달하는 페소화 평가절하가 가능해졌다. 경제도 좋아지고 실업률도 낮아졌다. 네스토르 키르치네르의 뒤를 이어 그의 부인 크리스티나 키르치네르가 새 대통령이 되었다. 페론주의자를 자처한 크리스티나는 네스토르보다 더 강력한 포퓰리즘 정책을 펼쳤다. 공무원 수를 늘렸고, 연금도 많이 풀었다. 2005년 230만 명이던 공무원 수는 2014년 390만 명으로 70%나 늘었다. 연금 수급자는 360만 명에서 800만 명으로 두 배 넘게 증가했다.

2014년 현재 아르헨티나의 총인구는 4300만 명인데, 인구의 5분의 1이 일을 안 하면서 연금을 타먹는 '베짱이'였다. 2014년 7월 아르헨티나는 다시 디폴트(채무불이행)를 선언했다. 2015년 우파인 마크리 대통령이 정권을 잡았지만 경제실정을 바로 잡기에는 역부족이었다. 외국 자본들은 빠져나갔다. 2018년 아르헨티나는 다시 한 번 IMF 구제금융을 받았다. 500억 달러라는 사상 최대 규모다. 아르헨티나는 1958년 IMF로부터 1억 달러의 구제금융을 받은 것을 시작으로 2018년까지 22회에 걸쳐 IMF의 신세를 졌다. 국가부도를 선언한 것도 8차례나 된다.

이 나라의 1인당 GDP는 2018년 기준 1만 4044달러(IMF 자료)로 세계 60위에 그쳤다. 한국의 3만 2775달러의 절반에도 못 미친다. 지난 1980년에만 해도 아르헨티나의 1인당 GDP는 7478달러로 한국(1680달러)보다 4배 이상 많았다. 아르헨티나의 사례는 정치인들이 선심성 정책을 남발하면 공짜에 맛들인 국민들은 계속 포퓰리즘을 원하게 되고 이는 결국 재정적자로 이어져 물가상승과 경제파탄을 불러일으킨다는 교훈을 던져주고 있다.

베네수엘라 망친
선심성 복지

한때 세계 석유 매장량 1위로 풍요를 구가하며 세계의 많은 나라들로부터 선망의 대상이 되었던 베네수엘라. 1999년 대통령에 취임한 우고 차베스의 무상복지 정책은 국제유가의 상승과 함께 영원히 지속될 것처럼 보였다. 석유로 벌어들인 돈은 차베스의 선심성 복지 정책에 사용됐고 베네수엘라 국민들은 포퓰리즘 정책을 펼치는 차베스 정권에 지지를 보냈다. 노무현 정부 시절 차베스의 복지 정책은 한국의 좌파들에게 선망의 대상이 될 정도였다. 2006년 KBS 스페셜은 '신자유주의를 넘어서, 차베스의 도전'이란 프로그램을 통해 "차베스의 좌파 포퓰리즘과 반미주의를 한국이 배워야 한다"고 주장했다. 불과 10여 년 전만 해도 우리나라 좌파학자들은 차베스의 반미, 포퓰리즘 정책에 의미를 부여하느라 바빴다. 그러나 베네수엘라의 영광은 그리 오래가지 않았다. 2008년 7월 배럴당 150달러까지 치솟던 국제유가는 불과 5개월 만에 40달러 이하로 급락하면서 오일머니에 전적으로 의존하던 베네수엘라 경제에 빨간불이 켜지기 시작했다.

반미주의자이면서 좌파성향인 차베스는 기득권층에 염증을 느낀 베네수엘라 국민들의 정치적 희망으로 떠올랐다. 하지만 차베스는 정권을 잡은 뒤 외국자본을 모두 내쫓았다. 베네수엘라의 석유 매장량은 약 3000억 배럴로 세계 1위이며 오리노코강 유역에 매장된 초중질유(타르 처럼 점성이 강해 개발과 정제가 어려운 석유)까지 포함하면 1.2조 배럴에 달하는 것으로 추정된다. 베네수엘라산 중질유는 개발에 많은 비용이 들어 외국자본 유치는 필수적이다. 그런데 대통령에 취임한 그는 외국 석유기업들을 내쫓았고 베네수엘라 경제의 기둥인 '베네수엘라 국영석유회사(PDVSA)'를 완전 국유화했다. 차베스는 이 회사의 경영을 자기 마음대로 휘둘렀다. 그는 자신과 측근 3명이 마음대로 운영하는 '석유 펀드'를 만들어 PDVSA가 벌어들인 수익의 20~30%를 뜯어갔다. 사용처나 수익 등은 일절 공개하지 않았다.

차베스는 자신의 무능과 탐욕을 숨기기 위해 포퓰리즘 정책을 남발했다. 차베스의 간섭에 더 이상 참지 못한 PDVSA노조는 2002년 차베스정권의 퇴진을 요구하며 총파업을 벌였지만 실패했다. 그 대가로 이 회사의 임직원 1만 2000여 명이 해고를 당했다. 그 자리에는 석유산업에 문외한인 자기 측근 인사들로 메꿨다. PDVSA는 남미 최대 석유기업으로 2013년 매출액이 1343억 3000만 달러를 기록할 정도였다. 이 회사는 베네수엘라 총수출의 90%, 정부 재정수입의 60%를 차지했다. 차베스는 원유수출로 벌어들인 막대한 오일머니를 무상의료, 무상교육 등 포퓰리즘 정책을 펼치는데 쏟아부었다.

차베스는 취임 후 여소야대를 극복하기 위해 국민투표를 실시, 제헌의회를 구성했다. 의원 131명 중 친차베스 세력이 125명이었다. 차베스가 주도한 제헌의회는 판사를 제명하는 권한까지 얻었다. 제헌의회는 190여 명의 판사를 부정부패 혐의로 기소한 뒤 제명했다. 이후 최고사법재판소 판사 수를 20명에서 32명으로 늘리고 친차베스주의자를 대거 기용했다. 이후 제헌의회는 대통령의 3연임이 가능토록 하고, 임기 또한 5년에서 6년으로 늘렸다. 대통령이 의회해산 권한도 갖도록 했다. 2005년 총선 때는 연동형 비례대표제를 도입해 압승했다. 헌법 개정을 통해 선관위를 헌법기관으로 격상시킨 후 선관위원 5명 중 4명을 친여 성향으로 임명했다. 모든 정책이 차베스가 원하는 대로 굴러갔다.

차베스가 펼친 경제 정책 가운데는 시장에 반하는 게 한둘이 아니었다. 대표적인 것이 외환 금지조치와 공정가격을 위한 가격상한제 실시였다. 차베스는 2003년 외환보유액을 지켜야 한다며 국민들의 환전을 금지했다. 그리고 환율을 정부 고시제로 바꿨다. 여기에다 서민물가를 안정시키겠다며 가격통제감독국을 만들어 생필품의 가격상한제를 실시했다. 물, 주스, 왁스, 표백제, 세제, 비누, 살충제, 샴푸, 화장지, 면도기 등 20개의 생필품과 식용유, 설탕, 커피, 소고기, 닭, 우유, 빵, 쌀, 해산물 등에 대해 소비자 가격 상한선을 적용한 것이다. 차베스 정권은 또 기업들에게 제품 가격의 30% 이상 수익을 얻는 것을 금지했다. 반시장적인 물가억제 정책은 기업 활동을 크게 위축시켰다. 수익성이 좋은 제품을 만들던 기업들은 모두 사라졌다. 그동안 생필품 및 제조업 원료를 수입에 의존했던 베네수엘라 국민과 기업들은 물품 부족에 시달리기 시작했다. 그러자 밀수업자들이 판을 쳤다.

차베스는 2013년 암으로 사망하기까지 14년간 장기집권했다. 후임 니콜라스 마두로 대통령 역시 차베스의 친복지 정책을 그대로 답습했다. 공짜에 맛들인 국민들의 지지를 유지하기 위해 오일머니를 흥청망청 썼다. 그런데 포퓰리즘 정책을 펼치던 마두로 정권에 뜻하지 않은 재앙이 닥쳤다. 2014년 배럴당 100달러이던 유가가 2015년 20~30달러까지 거의 4분의 1토막이 난 것이다. 국가 재정은 급속도로 악화됐다. 국가 재정의 상당부분을 원유 수출에 의존해온 베네수엘라에는 큰 재앙이었다. 1998년 하루 330만 배럴이던 원유 수출량은 2018년 3분의 1로 줄어들었다. 경제는 마비돼 갔다. 베네수엘라 경제는 최악의 상황으로 치달았다. GDP 증가율은 2016년 -16%, 2017년 -14%, 2018년 -18% 등 3년 연속 마이너스를 기록했다. 1997년 당시 3714달러였던 베네수엘라의 1인당 GDP는 2017년 말 3170달러로 오히려 줄어들었다.

마두로 대통령은 재원을 마련하고자 돈을 마구 찍어댔다. 돈이 풀리면서 초인플레이션 현상이 나타났다. 물가는 천정부지로 치솟았다. 베네수엘라 중앙은행이 2019년 5월 발표한 2018년도 공식적인 물가상승률은 무려 13만 60%에 달했다. 물가가 한 해 동안 1300배나 오른 것이다. 그러나 베네수엘라 중앙은행이 발표한 수치는 국제통화기금(IMF) 추정치보다는 훨씬 낮다. IMF는 2018년 베네수엘라 인플레이션이 137만%에 달할 것이라고 추산했다. 2019년 물가상승률은 1000만%까지 오를 것으로 전망했다. 자국 통화인 볼리바르는 거의 휴지 조각이나 다름없다.

정부는 살인적인 인플레이션을 막기 위해 가격통제 정책을 시행해 사태를 더욱 악화시켰다. 인구의 90%가 음식을 제대로 살 수 없을 정도다. 지금 베네수엘라 국민들의 상당수가 저녁을 굶고 잠든다고 한다. 의약품도 품귀 현상을 빚어 말라리아, 결핵, 홍역 등 질환이 창궐하고 있다고 외신들이 전하고 있다. 저소득층뿐 아니라 중산층까지도 쓰레기통에서 식량을 구하는 처지다. 2017년 한 해 동안 국민들의 체중이 평균 11kg 줄어들었다고 한다. 고통을 참지 못하는 베네수엘라 국민들은 국경을 넘어 콜롬비아, 페루, 브라질, 칠레, 에콰도르 등으로 탈출하고 있다. 최근 5년간 베네수엘라 국민의 11%인 340만 명이 외국으로 떠난 것으로 유엔 이주민기구(IOM)는 추산하고 있다.

경제난을 겪고 있는 베네수엘라에는 전력공급 중단 사태가 잦다. 2019년 3월에는 대정전 사태가 발생해 베네수엘라 전체가 암흑천지가 되면서 최악의 상황에 빠져들기도 했다. 수도 카라카스를 비롯해 총 25개 주 가운데 24개 주에서 정전이 발생했다. 정전으로 치명적 피해를 입은 곳은 병원이다. 목숨을 잃은 중환자들이 많다. 의료장비들을 사용할 수 없었기 때문이다.

경제가 망가지면서 마두로 대통령을 타도하려는 움직임이 거세지고 있다. 마두로 대통령은 2019년 1월 두 번째의 임기를 시작했지만 수도 카라카스에서 열린 반정부 집회에서 후안 과이도 국회의장은 자신이 과도 정부의 '임시 대통령'이라고 선언했다. 미국을 비롯 유럽연합(EU) 주요 국과 브라질, 콜롬비아 등 50여 개국이 과이도 의장의 임시 대통령 선언을 지지했다. 마두로 정권을 옹호하는 세력도 만만치 않아 쉽게 바뀌지는 않을 전망이다. 군부가 마두로를 지지하고 있다. 여기에 러시아와 중국도 마두로 대통령 지지를 약속하고 있다.

베네수엘라의 비극은 포퓰리즘에 있다. 차베스와 마두로 정권은 고유가 시절 벌어들인 돈을 생산적 분야에 투자하는 대신 무상복지 정책을 펴는데 쏟아부어 경제를 파탄으로 내몰았다. 그럼에도 국내 좌파학자들은 베네수엘라가 사회주의적 포퓰리즘 경제 정책으로 인해 망한 사실을 인정하려 하지 않는다. 유가 하락으로 지금과 같은 고통을 당하고 있다는 것이다. 하지만 차베스와 마두로가 포퓰리즘에 탐닉하지 않고 노르웨이, 사우디아라비아, 아랍에미리트처럼 오일달러를 국부펀드 등에 분산투자 했더라면 지금과 같은 경제파탄은 당하지 않았을 것이다. 노르웨이의 경우 국부펀드의 전체 운용자산 규모는 2019년 기준 9조 1620억 크로네(약 1234조 원)이며, 이 중 28.0%를 채권에 투자하고 있다.

문재인 정권의 친노동, 반시장 정책도 베네수엘라를 닮아간다는 생각이 든다. '베네수엘라로 가는 패스트트랙에서 빨리 내리지 않으면 정말 큰일 난다'고 자유한국당 황교안 대표도 경고했다. 황 대표는 2019년 9월 "문재인 정권의 정책이나 정치하는 것을 보면 차베스, 마두로 정권과 소름끼칠 정도로 유사하다"고 비판했다. 사법부와 입법부, 언론을 장악하는 수법이나 국민을 선동하는 방법이 차베스 정권과 판박이라는 것이다. 차베스 정권은 2004년 최고사법재판소 판사 수를 증원해 대부분 차베스주의자로 채웠는데 문 정권 집권 후 사법부 요직에 김명수 대법원장을 비롯, 진보성향 판사 모임인 우리법연구회, 국제인권법연구회 출신을 앉힌 것이 베네수엘라를 연상케 한다. 또 차베스 전 대통령이 총선에서 압승을 거두게 한 연동형 비례제도 우리나라의 준연동형 비례제와 유사하다. 우리나라 정치와 경제가 베네수엘라를 닮아가는 것은 아닌지 걱정된다.

과다한 재정지출,
그리스 디폴트

"국민이 원한다면 무엇이든 해줘라."

그리스 좌파 사회당 당수인 게오르기오스 파판드레우는 1981년 총리에 당선된 뒤 각료들에게 이같이 지시했다. 그리스를 복지 포퓰리즘 국가로 탈바꿈할 것임을 대내외에 천명한 것이다. 파판드레우 총리는 취임하자마자 과감한 포퓰리즘 정책을 펼쳤다. 전 계층을 대상으로 무상교육과 무상의료를 실시했다. 초등학교부터 대학원까지 학비는 물론 교재 살 돈까지 정부가 지원했다.

그리스 국민이라면 누구든 국립병원에서 무상으로 의료 서비스를 받을 수 있다. 병원에 공짜 환자가 몰려드는 바람에 수술을 받으려면 며칠씩 기다리는 것은 흔한 일이었다. 천국이 따로 없었다. 출근시간에는 모든 대중교통을 무료로 이용했다. 공공부문 일자리가 늘고 공무원 임금도 크게 올랐다. 총리 취임 1년 만인 1982년 공공부문 임금은 전년 대비

33.4%나 올랐다. 한국판 소득주도성장 정책이 38년 전 그리스에서 시행된 것이다. 국민들에게 '꿈 같은 포퓰리즘' 정책을 펼친 덕분에 파판드레우 총리는 11년간 장기집권했다.

하지만 포퓰리즘의 대가는 혹독했다. 공무원은 늘었지만 행정 시스템은 갈수록 효율이 떨어졌다. 관청에서 허가를 받으려면 기약 없이 기다리는 날이 많아졌다. 공무원 1~2명이면 할 수 있는 일을 3~4명씩 하다 보니 시간이 오히려 더 걸렸다. 겉은 천국이었지만 속은 썩어가고 있었다. 국가 경제는 파탄 났고 국가 재정은 빚더미에 앉게 됐다. 그리스 내 제조업은 무너졌고, 세계적인 경쟁력을 갖춘 산업도 존재하지 않았다. 그리스는 조선업까지 포함한 관광업의 수입이 GDP(국내총생산)의 80% 이상을 차지하고 있다. 산업 전체의 구도로 볼 때 밸런스가 맞지 않는다.

경제가 나빠지자 기업들은 채용을 줄이기 시작했고 일자리를 잡지 못한 청년실업자들은 길거리에 넘쳐났다. 파판드레우 집권 전 50여 년 동안 연 평균 5.2%로 세계 1, 2위를 달리던 그리스의 경제성장률은 집권 후 8년(1981~1989)간 연평균 1.5%로 추락했다. 파판드레우 집권 시절엔 1970년대 중도 우파 신민주당(ND)이 만든 재정건전성 원칙도 깨졌다. 이 원칙은 '공공투자부문을 제외하고는 재정적자가 나지 않아야 한다'는 것이다. 이 원칙 덕분에 그리스의 국내총생산 대비 국가채무비율은 20%대를 유지하고 있었다. 그런데 파판드레우 집권 후 포퓰리즘이 활개를 치면서 1980년 22.5%였던 그리스 국가채무비율은 1983년 33.6%로 뛰어올랐고 1993년에는 무려 100.3%까지 치솟았다. 국가채무비율이 13년간 77.8%포인트나 급증한 것이다.

결국 재정위기를 극복하지 못한 그리스는 퍼주기식 포퓰리즘이 시행된 지 29년 만인 2010년 국제통화기금(IMF)으로부터 1200억 유로의 구제금융을 받아야 했다. 그 뒤로도 그리스는 재정위기를 극복하지 못하고 2012년과 2015년을 포함해 모두 세 차례에 걸쳐 국제채권단으로부터 총 2890억 유로의 구제금융을 받았다.

구제금융을 통해 재정위기를 극복하는 일은 고통 그 자체다. 구제금융 체제 아래에서 긴축재정은 필수적이다. 군살을 도려내야 구제금융을 받을 수 있기 때문이다. 그리스는 2012년 의회에서 통과한 긴축재정안에 따라 최저임금부터 제약을 받았다. 그해 그리스의 최저임금은 25세 이상 기준 월 586유로로 정해졌다. 최저임금의 구매력은 매우 낮은 수준으로 브라질·아르헨티나 등과 비슷하다. 그리스는 7년 만인 2019년 최저임금을 월 650유로로 11% 인상했다. 그리스 청년들이 받는 임금은 30~40년 이전으로 돌아간 수준이다. 그리스의 생활여건은 예전과 같지 않다. 그리스 국민의 평균 월급은 3분의 1로 줄어들어 생활고를 겪는다. 긴축재정에 따라 판사, 교수, 경찰, 군인 등 공무원의 임금은 삭감됐다. 고액을 받던 공무원들의 연금도 반으로 줄어들었다. 수만 개의 공무원 일자리는 없어졌다.

리서치회사인 CEIC 데이터에 따르면 그리스 국내총생산은 2008년 3545억 달러로 고점을 찍은 이후 10년이 지난 2018년 2180억 달러로 38%나 쪼그라들었다. 1인당 GDP는 2008년 3만 1966달러를 정점으로 계속 내리막길을 걸어 2015년 1만 8174달러까지 떨어진 뒤 2018년에는 2만 324달러로 다소 반등한 상태이다. 하지만 2008년에 비해선 여전히 36.4%나 감소한 것이다. 2019년 그리스의 전체 실업률은 18%를 웃돈다. 25세 미만 청년실업률은 40%까지 치솟았다. 유로존의 평균 청년실업률 7.7%보다 5배 이상이나 높다. '천국을 만들겠다'며 포퓰리즘 정책을 남발한 정치인과 공짜에 맛들인 부모세대 때문에 자식세대가 고통을 당하는 꼴이다.

문제는 재정건전성을 위한 개혁 추진이 쉽지 않다는 데 있다. 달콤한 포퓰리즘에 길들여진 노조와 일반 국민들은 군살빼기 긴축 정책을 거부한다. 포퓰리즘에 메스를 가했다가는 노조의 공격을 받는다. 이 때문에 국가채무비율을 줄이기 위해 긴축재정을 시행했다가도 또다시 포퓰리즘 정책으로 회귀하곤 한다. 1990년 사회당으로부터 정권을 탈환한 우파 신민주당은 국가채무비율이 100%에 달했을 때 긴축 정책을 펼 수밖에 없었다. 하지만 노조와 국민들의 거센 저항에 부딪힌 신민주당은 결국 1993년 총선에서 좌파 사회당에 다시 정권을 넘겨주어야 했다. 1996년 총리에 오른 사회당의 코스타스 시미티스는 국가 재정이 워낙 어려워 이전 총리와 달리 긴축재정, 국영기업 민영화, 연금개혁 등 다양한 개혁 정책을 추진했다. 그러나 그의 개혁 정책 역시 실패로 끝났다. 공짜에 길들여진 국민들이 참지 못했기 때문이다. 1981년 이후 포퓰리즘에 사로잡힌 그리스에서 긴축재정과 노동개혁은 '공공의 적'으로 몰린다. 국민들은 정부에서 주는 복지혜택을 누리며 '베짱이'로 살기를 더 원한다.

그리스는 2010년 5월 IMF와 유럽연합(EU)채권단으로부터 구제금융을 받아야 했다. 하지만 IMF와 유럽 채권단의 구제금융 지원 협약에 서명한 사회당의 지지율은 곤두박질쳤다. 긴축 정책을 조건으로 했기 때문이다. 이 틈을 타 급진좌파 정당인 시리자(Syriza)는 2012년 총선에서 긴축 정책에 반대한다는 구호를 내세워 제1야당이 됐다. 시리자의 당수인 알렉시스 치프라스(44)는 2015년 1월 총선에서 국제채권단이 요구하는 긴축을 거부하겠다는 공약을 앞세워 최연소 총리 자리에 올랐다. 치프라스 총리는 2018년 8월 그리스의 구제금융 체제 종식을 이끌고, 27년간 나라 이름을 둘러싸고 분쟁을 겪던 이웃 나라 북마케도니아와의 갈등을 해소하면서 EU 등 국제사회에서 인정을 받았으나, 2019년 7월 치러진 총선에서는 오랜 긴축에 지친 유권자들의 마음을 얻는 데 실패했다. 그는 총리에 오른 뒤에 유로존 탈퇴 등 그리스 경제의 파국을 막기 위해 총선 공약을 뒤집고 채권단의 더 강화된 긴축안을 수용해 국민들의 반발을 사기도 했다. 그는 오랜 긴축에 시달리며 싸늘해진 민심을 되돌리기 위해 국제채권단의 우려에도 불구하고 각종 세금 인하와 저소득층을 위한 최저 월급 인상, 연금 인상 등 당근책을 제시했으나, 떠나간 민심을 되돌리기엔 역부족이었다.

새로 총리에 오른 키리아코스 미초타키스는 취임 이후 공약 이행 명목으로 노동개혁, 규제철폐, 감세, 기업편익 중심의 법제 개편, 공공 부문 민영화 등 시장 친화적 경제 정책을 밀어붙이고 있다. 그는 금융위기의 여파로 위축된 경제를 다시 부흥시키겠다는 공약을 내걸고 신민주당의 총선 승리를 이끌었다. 미초타키스 총리는 28%인 법인세율을 2년 안에 20%까지 낮추겠다고 약속했다. 또 2018년 2.2%를 보인 그리스 성장률을 4%대로 끌어올리겠다고 밝혔다.

하지만 그리스의 앞날이 평탄치만은 않다. 구제금융지원 프로그램을 졸업했지만 그리스의 경제여건이 지속적으로 호전되지 않는 한 국가채무에서 비롯된 재정위기가 재연될 우려가 높다. 그리스는 유로그룹으로부터 지속적인 재정구조 개혁 모니터링을 받아야 한다. 그리스에서 포퓰리즘이 사라지고 재정구조가 건전해져 일자리 창출, 공기업 민영화, 규제개혁 등 시장 친화적인 정책이 제대로 자리 잡을 수 있을지 지켜볼 일이다.

문재인 정부 들어 국가채무비율이 높아진 우리나라도 그리스의 뒤를 밟는 것 아니냐는 우려의 목소리가 높다. 홍남기 경제부총리는 2019년 5월 더불어민주당 국회의원 워크숍에서 "국내총생산(GDP) 대비 국가채무비율이 2018년 38.2%에서 2020년 40%를 넘어선 뒤 2022년에는 45%에 이를 것으로 전망된다"고 밝혔다. 이렇게 되면 2018년 681조 원인 국가부채는 2022년 971조 원으로 껑충 뛴다. 친노동, 친복지 정책에 우리나라의 곳간도 텅텅 비고 있다.

독일병 극복한
하르츠개혁

독일 사민당의 게르하르트 슈뢰더 총리가 경제성장에 활력을 불어넣고 일자리를 늘리기 위해 펼친 정책이 하르츠개혁이다. 독일은 2차 세계대전 이후 '라인강의 기적'이라 불릴 정도로 성공적인 경제부흥을 일구어낸 나라다. 완전고용에 가까운 경제성장과 낮은 실업률, 낮은 인플레이션, 상생의 노사관계 등을 지속하며 전 세계의 부러움을 샀다. 사회정의와 사회보장을 실현하고자 했던 사회적 시장경제체제는 빈부격차 해소에도 긍정적인 영향을 미치며 전후 독일 경제에 효자역할을 톡톡히 했다.

잘나가던 독일 경제는 1970년대 들어 경직된 노동시장과 과도한 복지 등 케인스주의 경제 정책이 확대되면서 성장동력을 잃어갔다. 이런 와중에 1990년 동·서독이 통일된 이후 과다한 통일비용까지 경제를 억누르면서 독일 경제는 저성장과 고실업의 늪에 빠져들었다.

통일 후 경제효율성이 떨어지면서 독일의 경제성장률은 2%대를 벗어나지 못했고 유럽연합(EU) 평균보다 낮았다. 2003년에는 마이너스 0.3%를 기록할 정도로 성장률이 급강하했다. 실업률은 지속적으로 증가해 2000년 이후 10%를 훨씬 웃돌았다. 경직된 노동시장과 복지문제는 노동비용 상승으로 이어지며 독일 경제의 발목을 잡았다. 2000년 독일 제조업 분야 노동비용은 시간당 25.8유로로 미국의 22.8유로, 프랑스의 18.2유로, 영국의 18.8유로에 비해 크게 높았다. 많은 기업들은 높은 노동비용을 감당하지 못하고 생산기지를 해외로 옮겼다.

사민당의 슈뢰더 총리는 독일 경제가 망가지는 상황에서 뒷짐만 지고 있을 수는 없었다. 경직된 노동시장과 복지체계에 과감한 메스를 가할 필요가 있다고 생각했다. 그는 2002년 독일 경제를 회생할 노동개혁방안을 발표했다. 그것이 바로 '아젠다2010'과 '하르츠개혁'이다. 이들 개혁 정책은 경직된 노동시장을 유연하게 만들고 방만한 복지체계를 개혁해 침체에 빠진 독일경제를 회생시키자는 취지로 추진됐다.

개혁의 핵심은 많은 일자리를 만드는 것이었다. '아무리 하찮은 일자리도 실업자로 빈둥거리는 것보다 낫다'는 게 슈뢰더의 개혁 방향이었다. 당시 독일에서 낮은 임금으로 일자리를 제공할 수 있는 분야로 사회복지서비스산업이 꼽혔다. 서비스부문은 노동집약적 업무여서 생산성이 낮고 수요는 가격에 크게 좌우되는 특징이 있다. 따라서 서비스부문에서 저임금을 지급하더라도 세금과 사회보장 분담금으로 부족분을 메꿔 준다면 많은 일자리가 창출될 수 있다고 독일 정부는 판단했다. 노동개혁의 칼자루를 쥔 하르츠는 바로 이 점에 주목했다. 생산성이 낮은 서비스 분야에 일자리가 많이 창출되려면 임금이 낮아야 하고 채용과 해고도 용이하도록 법제를 손질할 필요가 있었다. 그래야 늘어나는 실업자를 고용시장에 흡수함으로써 생산적 복지가 확대되고 국가 전체적으로도 총고용량이 확대된다고 봤다.

하르츠위원회는 시장에 역동성을 불러일으키고 고용유연성을 확대하기 위한 하르츠개혁 방안을 만들었다. 이 개혁의 내용을 보면 △2년으로 묶여 있던 파견근로의 허용기간 폐지, △창업기업은 최초 4년간 기간제의 자유로운 채용, △52세 이상 중고령자는 근로계약 제한철폐 등이다. 또한 월 소득 400유로 이하인 미니잡(mini-job)에 대해선 사회보장세와 소득세를 면제해주고 월 소득 400~800유로의 미디잡(midi-job)에 대해선 소득세를 면제해줌으로써 단시간근로 일자리창출을 유도했다. 단시간근로를 유인하는 정책들은 육아문제로 직장을 그만둔 경력단절 여성들의 고용시장 진입을 부추겼다.

하르츠개혁과 함께 추진된 '아젠다2010'은 해고유연성 제고와 사회보장체계 개편을 골자로 한다. 주요 내용을 보면 신규 고용 때 해고제한 적용사업장을 5인 이상에서 10인 이상으로 완화했다. 10인 미만 사업장까지는 언제든 해고를 할 수 있도록 허용한 것이다. 또한 신규 채용자의 수습기간을 6개월에서 2년으로 연장함으로써 수습사원의 해고유연성 기간을 늘렸다. 아울러 32개월간 받던 실업급여 수급기간을 12개월(55세 이상은 18개월)로 대폭 줄임으로써 실업자들이 자발적으로 일자리를 찾게 했다.

이와 함께 산업별 영역에 일괄적으로 적용되는 단체협약이 경제활력을 저해하는 걸림돌이라고 보고 경영위기에 처한 기업에 대해서는 기업별 임금협약을 허용했다. 개혁 내용 하나하나가 노동계의 거센 반발을 불러일으킬 정도의 매머드급이었지만 독일 노동계의 반대는 예상보다 심하지 않았다.

노동개혁의 성과는 놀라웠다. 2005년 500만 명에 달하던 실업자 수는 2013년 300만 명까지 줄어들었다. 실업률도 같은 기간 11%에서 5.3%로 뚝 떨어졌다. 2005년 15.8%에 달하던 25세 미만 청년실업률은 2013년에 7.8%까지 떨어져 유럽에서 가장 낮은 수치를 기록했다. 일자리가 늘어나면서 71%대였던 고용률은 77%로 껑충 뛰었다. 유럽의 병자로 취급받던 독일이 유럽경제를 이끄는 기관차로 탈바꿈한 것이다.

분배와 복지 정책을 강조하며 노동조합의 전폭적 지지를 받아왔던 사민당은 노동개혁을 펼치면서 지지율이 25%까지 하락했다. 소속 정당에 엄청난 정치적 타격을 준 것이다. 하지만 슈뢰더 총리는 눈 하나 꿈쩍하지 않았다. 개혁을 멈추면 나라 경제가 살아날 수 없다고 생각했기 때문이다. 슈뢰더는 자신의 지지기반에 역행하는 친기업, 반노동 정책을 펼침으로써 개혁에는 성공했지만 2005년 총선에서 패배를 맛보아야 했다. 개혁은 그만큼 정치적으로 어렵고 고단한 작업이란 점을 보여주는 대목이다. 결국 슈뢰더의 노동개혁으로 인한 과실은 정적이던 기민당의 앙겔라 메르켈 총리에게로 돌아갔다. 슈뢰더는 2017년 한국을 방문했을 때 "대중은 작은 손해에도 개혁을 반대한다. 그러나 리더라면 국익에 자리를 걸어야 한다"고 말했다. 독일은 진영논리보다 국가 전체를 생각하는 지도자의 리더십 덕분에 유럽의 병자에서 벗어나 세계경제의 최강자로 발돋움할 수 있었다.

하르츠개혁의 성공은 국정운영자의 강력한 리더십이 이끌었지만 노동계의 양보도 한몫했다. 슈뢰더는 노동개혁을 위한 아젠다2010과 하르츠개혁을 추진하기 위해 15명의 전문가로 노동시장개혁위원회를 꾸렸다. 이 위원회는 2002년 2월 구성 당시 폭스바겐의 이사였던 피터 하르츠가 위원장을 맡아 '하르츠위원회'로 불리게 됐다. 기업 임원 출신을 위원장에 앉힌 것부터 개혁의 논의가 파격적으로 이뤄질 것임을 예고했다. 위원회 멤버 구성만 봐도 흥미롭다. 재계 대표 6명, 노동계 2명, 정계 3명, 학자 3명, 기타 2명(수공업자 조합사무국장과 전략컨설턴트) 등이었다. 재계 위원이 노동계보다 3배나 많은 수가 참여한 것이다. 노동계 대표는 구색 맞추기를 위해 개혁 논의에 포함됐다고 볼 수 있다. 결국 독일의 하르츠개혁은 슈뢰더가 원하는 방향대로 만들어졌다. 이 과정에서 독일노총의 큰 반발은 없었다. 경기 침체가 심화되는 상황에서 노동개혁에 반대만 할 수는 없었기 때문이다. 사실 당시 독일 사회에서는 복지와 분배를 고집하는 노조의 경직된 노동운동이 '독일병'을 초래했다는 비판 여론이 들끓었다. 필자가 아젠다2010과 하르츠개혁안 발표 직후인 2003년 독일노총을 방문했을 때 만난 독일노총 산하 한스뵈클러연구소의 도르스텐 슐텐 연구원은 하르츠개혁을 수락한 배경에 대해 "여론 주도층인 학계, 언론계, 정치권 등이 독일 경제 추락의 책임을 노동계에 떠넘기며 압박하는 상황에서 독일노총이 총파업투쟁으로 반발하기는 쉽지 않았다"고 털어놓았다. 결국 하르츠개혁은 정치 지도자의 강력한 리더십과 노동권력의 '이기심'을 억누른 사회적 압력이 빚어낸 합작품인 셈이다. 좌파와 우파로 나뉘어 서로 헐뜯으며 진영논리를 펼치고 이념갈등을 빚는 우리나라의 정치권과 언론계, 학계에 시사하는 바가 크다.

마크롱개혁에
프랑스 경제 활기

저성장 고실업의 늪에 빠져 있던 프랑스가 다시 살아나고 있다. '일자리 대통령'을 자처한 에마뉘엘 마크롱 대통령이 2017년 5월 취임 이후 개혁 정책을 펼치면서 '유럽의 병자'로 불리던 프랑스 경제가 활기를 띠기 시작했다. 마크롱 대통령은 노동시장 유연화, 복지개혁, 세제개혁 등 다양한 친기업, 반노동 정책들을 밀어붙여왔다. 2018년 말 유류세 인상에 반대하는 '노란조끼'의 반정부시위에 밀려 개혁이 다소 주춤하는 듯했지만 개혁의지 자체가 꺾인 건 아니다.

마크롱개혁의 핵심은 고용과 해고를 쉽게 하는 노동시장 유연성 강화다. 경영환경이 악화되는 기업들에 해고조건을 완화할 수 있도록 '철밥통 법제'에 손을 댔다. 먼저 신규 채용자에 대해 해고를 쉽게 할 수 있게 해 기업의 부담을 줄여주었다. 이에 힘입어 경영난을 겪던 자동차 제조사 푸조시트로엥(PSA)그룹, 유통회사 까르푸 등 대기업들은 근로자 수천

명에 대한 구조조정이 가능해졌다. 또 부당해고 때 기업의 책임 범위를 줄여주는 동시에 근로자의 복지의무도 완화시켰다.

마크롱개혁의 백미는 공기업인 국영철도공사(SNCF)에 대한 종신고용제 폐지이다. 무소불위의 노조권력이 버티고 있는 국영철도공사에 대한 개혁은 모험이나 마찬가지였다. 주인 없는 공기업이었기에 노조의 저항이 거셌기 때문이다. 하지만 마크롱의 개혁의지는 강력했고 결국 적자 60조 원에 달하는 프랑스 국영철도공사의 개혁을 성공시켰다. 프랑스 정부는 2022년까지 공공인력 12만 명에 대한 감축 방안도 내놓은 상태다. 마크롱은 구조조정을 통해 절약한 예산은 직업훈련 강화 등을 통한 실업률 해소에 사용하겠다는 계획도 발표한 상태다. 노동계의 반발에 부딪혀 있지만 일반 국민들로부터는 박수를 받고 있다.

마크롱은 노조의 산별노사협상 의무조항도 완화시켰다. 기업별로 지불능력이 다른 만큼 산별협상을 강제하는 것은 문제가 있다고 판단해 산별협약을 지키지 못하는 기업에 대해선 기업별 협상을 갖도록 했다. 실적이 좋은 초우량 대기업과 지불능력이 안 되는 중소기업이 한 자리에 앉아 동일한 조건의 노사협상을 맺는 산별협약은 글로벌경제시대에 적절치 않다고 생각한 것이다. 이에 따라 많은 기업들이 기업별 임금 및 단체협상을 통해 지불능력에 맞는 수준으로 노사협상을 맺음으로써 경영활동에 숨통을 틔워주고 있다.

마크롱은 복지개혁에도 메스를 가하고 있다. '실업자의 천국'이라 불릴 만큼 과도한 복지를 제공해 온 프랑스는 실업급여 수급을 위한 필수

근로기간을 늘리는 등 요건을 까다롭게 했다. 2019년 12월 노동계의 총파업으로 대중교통의 마비 사태까지 빚어졌지만 마크롱은 개혁의 의지를 꺾지 않고 있다. 프랑스 정부의 연금개혁 골자는 복잡한 퇴직연금 체계를 간소화하고 은퇴 연령과 수급 시기를 늦추는 것이다. 2018년 기준 프랑스의 연금 지출 규모는 경제협력개발기구(OECD)에서 그리스와 이탈리아에 이어 세 번째로 많았다. 그러나 노동계의 개혁 중단 요구는 갈수록 거세지고 있다. 개혁 내용을 보면 지난 28개월간 최소 4개월을 일하면 실업급여를 받을 수 있었던 것을, 지난 24개월 동안 최소 6개월을 일해야 실업급여를 받을 수 있도록 수급요건을 강화했다. 이렇게 되면 실업급여 신청자 260만여 명 중 100만 명 이상이 요건 강화로 수당을 받지 못하게 될 것으로 프랑스 정부는 추산한다.

고소득 실업자 수당도 대폭 줄어든다. 전체 실업급여 수급자의 0.03%가 월 최대 7700유로(약 1000만 원)의 실업수당을 받는다는 사실이 알려지자 이를 개혁해야 한다는 여론이 거세게 일었다. 부자 실업자들의 실업급여가 일하는 근로자들의 임금보다 많은 것은 문제가 있다는 비판이다. 프랑스의 실업급여는 월 급여의 평균 60% 수준이어서 기업 임원 등을 지낸 실직자들의 실업급여는 많은 편이다. 개정안에는 직장에서 월 4500유로 이상 벌던 고소득자가 실직하면 7개월 뒤부터 실업급여 수령액의 30%를 감액한다는 규정을 포함시켰다. 실업급여 개혁으로 인한 절감액이 2020년부터 2022년까지 3년간 45억 유로(약 6조 원)에 이를 것으로 프랑스 정부는 추산했다.

마크롱은 기업의 성장동력을 높이고 경기 활성화를 위해 세제개혁에
도 나섰다. 서민 소득세 최저세율을 14%에서 11%로, 법인 최고세율을
33.3%에서 31%로 낮추겠다는 것이다. 이로 인해 서민 소득세 부담은
93억 유로, 법인세 부담은 9억 유로 줄어든다. 2018년 11월 '노란조끼'
시위를 촉발한 유류세 인상 계획은 과감하게 폐지했다. 노란조끼 시위
당시 25%까지 떨어졌던 마크롱 대통령의 국정 지지율은 2019년 9월 현
재 34%까지 반등해 개혁 정책을 펼치는데 어느 정도 힘을 얻고 있다.

마크롱 대통령의 노동개혁은 계속되고 있다. 그는 2019년 4월 대국민
담화를 통해 현재 주 35시간인 노동시간을 늘려 '일하는 프랑스'를 만들
겠다고 예고한 상태다. 사회당 정권 시절인 2000년 주당 근로시간을 39
시간에서 35시간으로 단축시켰을 때 "기업 해먹기 힘들게 됐다"는 불평
이 여기저기서 터져 나왔다. 당시 마르틴 오브리 노동부 장관은 노동시
간을 10% 단축할 경우 비용을 더 들이지 않고도 70만 개의 새로운 일자
리가 만들어진다고 큰소리쳤지만 결국 노동비용증가로 인해 많은 기업
들이 프랑스를 떠나고 일자리가 줄어드는 결과를 빚었다.

국민들이 가장 예민하게 반응하는 연금개혁에도 손을 대고 있다. 유류
세 인상 때처럼 연금개혁에 대해서도 국민들의 반발은 거세다. 연금개혁
은 공무원, 군인, 교사 등 직군별로 운영되고 있는 퇴직연금 제도를 하나
로 통합하고 은퇴 연령도 늦추는 게 핵심이다. 평균 수명이 길어지면서
프랑스 국민의 이른 은퇴 연령이 사회적 문제로 부각되고 있다.

프랑스 정부는 직업훈련제도도 뜯어고치고 있다. 먼저 노동자가 직업

훈련계좌를 개설하고 스마트폰 애플리케이션을 통해 필요한 직업훈련 과목을 결제해 수강하도록 하는 방안을 추진 중이다. 비숙련 노동자에게 1인당 연 800유로씩 최장 10년간 투입하고 숙련노동자에게는 연 500유로를 교육훈련비용으로 지원한다. 하지만 기업들은 숙련된 근로자를 찾기 어렵다며 불만을 표시해 왔다. 직업훈련 기금 규모는 320억 유로(약 42조 원)에 달한다. 프랑스 기업들은 총임금의 1.68%를 이 기금에 출연하고 정부도 매년 거액을 쏟아붓고 있다. 프랑스 정부는 노동단체와 사용자단체가 관리해온 이 기금을 회계투명성 등의 명분을 내세워 정부가 직접 관리하겠다는 방침이다.

마크롱 대통령의 노동개혁은 취임 2년을 맞으면서 성과를 내기 시작했다. 프랑스 통계청에 따르면 2019년 2분기 프랑스의 실업률은 8.5%를 기록했다. 금융위기 이후 10년 만에 최저 수치다. 2017년 5월 취임 당시 9.7%에 비하면 무려 1.2%포인트나 하락한 수치다. 청년층의 고용 사정도 상당히 개선됐다. 마크롱 취임 직후 23%를 웃돌았던 청년 실업률은 2019년 7월 19.2%로 2년 사이 4%포인트나 떨어졌다.

일자리도 크게 불어나고 있다. 2019년 2분기에만 6만 6000개 신규 일자리가 창출됐고, 마크롱 대통령 취임 이후 총 36만 7000개의 일자리가 늘어난 것으로 집계됐다. 일자리의 질도 좋아지고 있다. 2019년 2분기에는 정규직 일자리 비율이 54.7%로 나타나 분기별 집계를 시작한 2003년 이후 15년 만에 최고치를 기록했다. 반면 파트타임 일자리는 11.3%로 전년 동기 12%에 비해 0.7%포인트 감소했다.

프랑스의 많은 정권들이 노동개혁을 추진했지만 노조의 반발에 부딪쳐 중도에 포기하는 경우가 많았다. 우파 사르코지 대통령은 지난 2005년 8월 노동시장 유연성 제고를 위해 기존의 정규직, 기간제 외에 '신규고용계약(CNE)'이라는 새 제도를 도입했다. CNE는 20인 미만 기업의 경우 신규 채용자에 대해선 2년간 해고제한을 면제시켜 소규모 기업들의 탄력적인 인력운영을 가능케 했다. 그러나 노동계의 반대가 심해지면서 CNE제도는 2008년 폐지됐다. 2006년에는 청년 고용창출을 위해 신규고용계약을 확대한 '최초고용계약(CPE)'이 추진됐다. CPE는 20인 이상 기업이 26세 미만 신규근로자를 채용할 경우 2년간 해고제한을 유예하는 제도다. 하지만 CPE는 대학생과 노동계의 강한 반발로 법률 공표와 동시에 폐지됐다. 프랑스에서 노동개혁이 실행하기가 힘들다는 점을 보여주는 사례들이다. 당시 파이낸셜타임스는 "혁명의 나라 프랑스는 개혁은커녕 통치하기도 어려운 국가"라고 비꼬았다.

마크롱은 전임 사회당 정권의 포퓰리즘에 염증을 느끼고 개혁을 기대한 국민들의 지지를 받으며 대통령에 당선됐다. 국가개혁을 추진하다 한때 민심이 떠나기도 했지만 2019년 들어 다시 지지율이 회복되면서 개혁의지를 더욱 다지고 있다. 그는 문재인 정권과 비슷한 시기에 정권을 잡았지만 경제 정책에 있어서는 서로 정반대의 길을 걸었다. 마크롱은 법인세·부유세를 낮추고 노동개혁을 밀어붙여 친시장, 친기업 정책을 펼친 반면, 문 대통령은 법인세 인상, 최저임금인상, 근로시간 단축 등 반기업, 친노동 정책을 내세웠다. 마크롱과 문재인 대통령은 모두 '일자리 대통령'을 자처하며 비슷한 시기에 대통령에 취임했지만 2년이 지난 2019년 현재 개혁 정책을 펼친 프랑스 경제가 포퓰리즘의 덫에 걸린 대한민국 보다 훨씬 활기를 띠고 있다. 마크롱의 개혁 정책으로 인해 경직된 노동시장이 크게 유연해지면서 글로벌 자금도 프랑스로 유입돼 성장동력에 불을 지피고 있다. 블룸버그통신은 2019년 8월 기사에서 "1년 전에만 해도 '유럽의 병자'였던 프랑스가 이제는 건강의 상징이 됐다"고 평가했다.

법과 원칙이
지배하는 미국

미국에서는 불법파업이 발붙이기 어렵다. 노조가 불법파업을 벌였다가는 바로 법과 원칙에 의해 제재조치를 받기 때문이다. 2005년 12월 20일 일어난 뉴욕대중교통공사(TWU)노조의 전면파업에 대한 사법당국의 제재조치는 불법파업이 어떠한 벌칙을 당하는지를 잘 보여준다. 크리스마스 연휴를 앞두고 벌인 TWU의 파업으로 인해 지하철과 버스 운행이 멈춰 서자 평소 대중교통을 이용해 온 뉴욕 시민들은 택시, 승용차, 자전거 등 대체 교통수단을 이용해 출퇴근을 해야 했다.

TWU의 파업 이유는 메트로폴리탄교통공사(MTA)와의 임금협상 결렬 때문이었다. 공사 측은 임금협상에서 3년 동안 10.5%를 인상하겠다는 협상안을 제시한 반면, 노조 측은 24%를 인상해 달라고 맞섰다. 노조 측은 뉴욕시가 계속된 수익증대에도 퇴직연금수령 기간을 늘리고 퇴직연금 적립비율을 높이고 있다며 불만을 토로했다. 노사 양측은 당초 제시한 협상안에서 한 발짝도 물러서지 않았고 결국 노조는 파업을 선택했다.

하지만 노조의 파업은 불법이었다. 대중교통을 책임지는 교통공사 노조는 애초부터 파업을 결행할 수 없었다. 쟁의행위가 금지된 필수공익사업장이기 때문이다. 뉴욕시는 파업이 일어난 당일 법원에 소송을 제기했다. 법원도 즉각 심리에 착수해 노조에 파업 하루당 100만 달러의 벌금을 물린다고 판결했다. 법원은 이와 별도로 파업 이틀째인 21일 파업노조원에게 파업 하루 참여에 이틀치씩의 임금을 벌금으로 낼 것을 명령했다. 22일엔 로저 토우센트 위원장 등 TWU 집행부에게 법정 출두를 통보했다. 노조는 불법파업을 벌인데 대해 혹독한 대가를 치렀다.

뉴욕시 브루클린 지법의 시어도어 존스 판사는 "노조가 공공기관 종사자의 파업을 금지한 현행법을 계속 위반할 경우 벌금 외에 파업지도부를 구속할 수 있다"고 경고했다. 이에 대해 마이클 블룸버그 뉴욕시장은 "구속은 노조 간부들을 순교자로 만들 수 있다. 벌금을 부과하는 게 더 바람직하다"며 집행부 구속에 반대입장을 나타냈다. 결국 벌금 부과로 결론지었다.

뉴욕시와 법원이 불법파업에 대해 발 빠르게 대응한 덕분에 대중교통을 이용하는 많은 시민들의 불편을 빨리 해소할 수 있었다. 350만 달러의 파업기금을 보유하고 있던 TWU는 거액의 벌금형을 받아 노조재정이 바닥날 지경에 처하자 3일 만에 파업을 철회하고 업무복귀를 선언했다. 뉴욕주 지방법원은 파업 종결 4개월 뒤 재판을 열어 파업을 주도한 혐의로 TWU 노조위원장에게 징역 10일과 벌금 1000달러를 선고했다. 법원은 판결문에서 "평화적 시위였으나 시민들이 걸어서 출퇴근하는 등 불편을 겪어야 했다"고 선고이유를 밝혔다. 파업이 끝나면 불법행위를 눈감아 주는 한국과는 달랐다. 이와 별도로 뉴욕법원은 파업 당시 불법파업을 주도한 노조에 대해 하루 100만 달러씩 모두 300만 달러의 벌금을 부과했다. 불법파업에 대한 공사 측의 강력한 대응으로 인해 그뒤 TWU는 한번도 파업에 돌입하지 않았다.

파업을 벌이다 참가자들이 대거 해고를 당한 사례도 있다. 1981년 미국 항공관제사협회(PATCO) 소속 관제사 1만 3000명이 임금인상과 근로시간 단축을 요구하며 파업에 돌입했을 때 레이건 행정부는 파업해제와 함께 48시간 내 직장 복귀명령을 내렸고 복귀하지 않은 노조원 전원을 해고시켰다. 관제사 노조는 공화당을 지지해 왔기 때문에 "설마 해고야 시키겠느냐"는 안이한 생각을 가졌다. 하지만 노조의 예상은 완전히 빗나갔다. 미국 연방항공청(FAA)은 직장에 복귀하지 않은 관제사 1만 1350명에 대해 즉각 해고조치를 내렸다. 파업 가담자에 대한 '대학살'이 이루어진 것이다.

대량해고가 이루어졌는데도 여론은 들끓지 않았다. 관제사들은 파업이 금지돼 있었기 때문에 미국 국민들은 법과 원칙에 따라 해고당한 것을 당연한 조치로 받아들였다. 한국에서 이 같은 일이 벌어졌다면 아마도 재야 시민단체와 노동단체 등의 항의성 파업으로 온 나라가 큰 혼란에 빠졌을 것이다. 1만 명 넘는 관제사를 한꺼번에 해고시킨 사건은 세계 노동사에 길이 남을 기록이다. 관제사 노조는 즉각 해체되었고 3400

만 달러의 벌금까지 물어야 했다. 재취업 기회도 박탈당했다. 야당이 나서 복직을 권고했지만 레이건 행정부는 눈 하나 꿈쩍하지 않았다. 관제사 노조는 자신들이 요구한 연간 1만 달러 인상과 주당 32시간 노동 시행 등이 받아들여지지 않자 파업을 결행한 것이다.

해고된 관제사들은 파업 발생 12년이 지난 1993년 빌 클린턴 대통령이 관제사 재채용 금지조치를 풀어 직장복귀가 가능해졌다. 그러나 대부분 다른 직장에 근무 중이어서 재채용된 관제사는 거의 없었던 것으로 알려졌다.

반노조캠페인 가능

미국에서는 반노조캠페인을 벌였다고 해서 우리나라에서처럼 노조파괴범으로 몰리지 않는다. 오히려 노조설립에 대응한 사용자의 정당한 권리로 인정받고 있다. 미국철강 노조(USW)가 2017년 10월 미국 메이컨에 위치한 금호타이어 조지아공장 노조에 깃발을 꽂으려다 실패한 사건은 기업의 반노조캠페인이 얼마나 조직적이고 치밀하게 행사되었는지를 알수 있게 하는 사례다.

USW는 금호타이어 근로자 300명 중 80%의 서명을 받아 노동위원회에 노조 인정 투표를 신청했다. 노조설립은 기정사실로 받아들여지는 분위기였다. 노조 인정 투표 때 50% 찬성만 얻으면 노조설립이 가능하기에 서명 참가자 가운데 일부가 이탈한다고 해도 노조설립에는 문제가 없다고 생각했다. 그런데 근로자 300명이 참가해 실시한 노조 인정 투표에서 USW 가입을 지지한 표는 136표로 과반수를 넘지 못했다. USW가 노조 인정 투표를 허락 받자마자 회사 측은 노조의 인정 투표 전까지 반노조캠페인을 통해 근로자들의 노조가입 찬성을 막은 것이다.

우리나라에선 근로자 2명만 있으면 노조설립이 가능하지만 미국에서는 전체 근로자 30% 이상의 서명을 받아야 노동위원회로부터 노조 인정 투표를 실시할 자격이 주어지고 노조 인정 투표에서 과반 이상의 찬성을 얻어야 노조가 설립된다. 그럼에도 미국에서는 반노조캠페인이 허용돼 노조설립까지는 넘어야 할 장벽들이 많다. 노동위원회의 주관 아래 실시되는 노조 인정 투표는 투표자격이 주어진 뒤 2~3주 후에 실시된다. 이 기간에 사용자는 노조가입방해를 위한 온갖 설득과 회유 등 반노조 캠페인을 전개한다. 우리로 치면 부당노동행위를 행할 기회가 공식적으로 허용되는 셈이다.

회사 측의 반노조캠페인에는 노조파괴 전문가가 동원된다. USW가 노동위원회에 노조 인정 투표를 요청한 바로 다음 날 금호타이어 회사 측은 메이컨시에 있는 노조조직 파괴 전문 로펌과 고액의 계약을 체결, 노조설립을 막기 위한 사전작업을 펼쳤던 것으로 알려졌다. '콘스탄지·브룩스·스미스·프로펫LLP'라는 긴 이름을 가진 이 로펌은 미국 전역 15개 주에 수십 개의 사무실을 두고 있다.

금호타이어 공장의 노조 조직화를 저지하는 데 앞장선 멜빈 하스 변호사는 150번의 노조 인정 투표에서 98%의 승률을 기록했다고 로펌 홈페이지에서 자랑하고 있다. 2010년 이후 가장 강력한 노동변호사인 그의 주특기는 노사관계 자문, 반노조캠페인, 기업 인수합병, 노조 조직화 저지 등이다. 노조 조직화 분쇄에서 보인 높은 성공률 덕분에 하스 변호사는 2010년 이후 꾸준히 '가장 강력한 (반)노동변호사'에 선정됐다. 이 타이틀은 자본가로 하여금 사업장을 지배하고 노동자를 통제할 수 있도록 최상의 법률서비스를 제공하는 변호사에게 주어진다고 한다.

미국에서는 재계가 노조를 공격하는 행위도 목격된다. 미국 재계는 2006년 2월 로비스트 리처드 버먼을 앞세워 미국 노동조합총연맹(AFL-CIO) 워싱턴 본부 앞에서 시위를 벌였다. 노조 간부들이 기업 경영을 어렵게 만든다는 이유에서다. 공격의 선봉에는 버먼이 만든 '센터 포 유니언팩츠(CFU)'라는 노조연구소가 앞장섰다. CFU는 총 24만 달러를 들여 워싱턴포스트, 뉴욕타임스, 월스트리트저널 등 유력 일간지에 자물쇠가 채워진 공장철문사진이 담긴 전면광고를 싣고 "철강, 자동차, 항공사를 파산으로 이끈 노조 지도부가 바로 이런 공장을 만든 주범"이라고 비난했다. 또한 AFL-CIO앞에 거대한 공룡상을 설치하고 "노조 지도부가 공룡처럼 비대해졌다"고 꼬집었다. 버먼 소장은 반노조캠페인 배경에 대해 "세상이 바뀌었는데 노조 지도부는 1930~1940년대 방식으로 노조를 이끌고 있기 때문"이라고 설명했다. 미국 내에서 반노조캠페인을 통해 노조원의 탈퇴를 유도하는 사업장들은 많다. GE의 경우 한때 8만 5000명에 달했던 노조원 수가 회사 측의 끊임없는 반노조캠페인 등을 거치면서 2만 명 이하로 줄어든 것으로 알려져 있다. 금호타이어 미국 공장, CFU, GE의 반노조 행위는 한국에서 허용될 수 없

다. 우리나라에서 반노조캠페인을 벌이면 당장 노조 파괴범으로 몰려 처벌
받는다.

노동운동 억제하는 '일할 권리법'

미국에서 노동권력보다 일자리창출에 초점을 맞춘 제도 중 하나가 '일할
권리법(right to work act)'이다. 미국의 많은 주 정부들이 앞다퉈 도입하고 있
는 이 법은 노조활동을 약화시키고 근로자들의 일할 기회를 넓혀주자는
취지에서 도입된 친시장적 제도다. 이 법은 노조가입과 노조비 납입을
강제할 수 없도록 함으로써 노동운동의 확산을 억제하고 기업의 성장동
력을 활성화시키는데 초점을 맞추고 있다. 노동자의 자유로운 직업선택
권을 보장하고 기업 친화적인 환경을 조성함으로써 불필요한 노사갈등
을 줄이는 것도 이 법의 목적이다.

미국의 50개 주 가운데 미시간주를 비롯해 모두 28개 주가 이 법을
도입함에 따라 미국 노조운동은 큰 타격을 입고 있다. 미시간주는 미국
최대 자동차·철강 공업지대 '러스트 벨트'의 중심지로 강성 노조운동의
산실이었지만 이 법의 도입으로 노동권력 자원이 급격히 쪼그라들고 있
다. 2013년 3월에 '일할 권리법'이 효력을 발효한 미시간주의 경우 노동
조합 조직률은 2013년 16.3%에서 2014년 14.5%까지 하락했다. 글로벌
시대를 맞아 기업의 경쟁력 향상과 일자리 창출의 필요성이 강조되고 있
는 데다 노조에 대한 관심이 줄어들면서 '일할 권리법'에 대한 노동단체
들의 반발도 별로 없다.

춘투 청산한
일본 노조 지도자 리더십

일본 노동현장은 1970년대 중반까지 투쟁중심의 노동운동으로 인해 큰 홍역을 치렀다. 노조는 협상철만 되면 과도한 임금인상률을 요구하며 강경 투쟁을 벌였다. 총평(總評: 일본 노동조합총평의회)은 매년 30% 이상의 임금인상 요구안을 임금가이드라인으로 제시하며 일본 내 노사갈등과 대립을 이끌었다. 1974년에는 전국적으로 330만 명이 동원된 '국민춘투(春鬪)'가 펼쳐졌고 파업건수는 사상 최다인 1만여 건을 기록했다. 노조는 파업을 벌인 대가로 32.9%의 임금인상률을 받아냈다. 예년의 임금인상률 5~6%에 비하면 파격적인 수준이었다. 소비자물가상승률은 20%를 넘으며 심한 인플레 현상을 보였다.

노조의 파업으로 인해 기업들마다 큰 손실을 입고 있을 때 노동운동 노선을 하루아침에 바꾸는 대사건(?)이 일어났다. 일본 노동운동에 영향력이 큰 대기업 노조위원장 8명이 나서 임금자제 선언을 한 것이다. 이들은 "이대로 가다간 나라가 망할지 모른다"는 자성과 함께 국민들에게 임금자제를 약속했다. 이때 나온 선언이 국민 경제정합론(國民經濟整合論) 이다. 이 선언에서 노조 대표들은 노조의 사회적 책임을 강조하면서 앞으로 노동계는 임금인상을 요구할 때 경제성장률, 물가인상률, 고용 등을 고려하겠다고 약속했다. 임금자제 결의에 참여한 노조 지도자는 일본 기간산업을 이끌어온 신일본제철, 일본강관, 도요타, 닛산, 도시바, 히타치, 이시카와지마, 미쓰비시중공업 등 IMF-JC(일본 금속연맹) 산하 8개 핵심 사업장의 노조위원장들이다. 이들은 상급단체인 총평의 투쟁노선에 반기를 든 것이다.

노조 대표들은 이 선언을 통해 1975년 춘투에서 임금인상을 한 자릿수로 억제하도록 노력할 테니 정부는 3년 내에 물가를 한 자릿수로 진정시켜 노동자들의 실질임금을 보장해달라고 요구했다. 당시 미키 총리는 물가안정을 약속하고 공공요금부터 잡아 나갔다. 노동계와 정부가 약속을 이행하면서 1975년 임금인상률은 13% 선에서 진정되었고 1976년에는 8.8%로 내려앉았다. 소비자물가상승률도 1975년 10.4%까지 떨어진 뒤 1976년에는 9.5%로 수그러들었다.

총평은 노동자의 파업권을 사용자에게 넘겨 버렸다고 비판하면서 1975년 가을 파업권 탈환을 위한 추투(秋鬪: 가을투쟁)를 시도했으나 노조들의 호응이 없어 실패하고 말았다. 이 사건을 계기로 일본 최대 상급노동단체인 총평이 주도하던 강경노선은 퇴조하고 온건노선이 노동운동의 주류를 이루기 시작했다.

극렬투쟁이 사라지면서 일본 경제는 활기를 되찾았고 선진국 중에서 오일쇼크를 가장 단기간 내에 극복했다는 평가를 받았다. 일본에는 1980년까지 총평, 동맹, 신산별, 중립노련 등 4개 노동단체가 있었으나 1987년 민간노동조합 중심의 동맹과 중립노선이 주축이 되어 렌고(連合: 일본노동조합총연합회)가 결성되었다. 이어 1989년에는 렌고가 공공부문 노조를 중심으로 구성된 총평을 통합해 신렌고를 만들어 일본 노동운동의 천하통일을 이루었다. 일본에서 노동운동의 극렬 투쟁은 사라졌고 춘투는 춘토(춘계토의)라는 말로 대체되고 있다. 현재 일본 상급노동단체로는 렌고를 비롯 3개가 있다. 렌고가 노조원 수 700여만 명으로 가장 크고 강경파인 전노련(全勞連·73만 명)과 전노협(全勞協·16만 명)이 뒤를 잇고 있다.

1970년대 심하게 노사갈등을 겪은 일본 산업현장에는 지금 상생과 협력의 노사관계가 뿌리내린 상태다. 일본 경제가 부활한 데에는 실용주의 노동운동이 주요 요인 중 하나로 꼽힌다. 일본에서도 파업은 가끔 발생한다. 하지만 우리나라처럼 죽자사자 벌어지는 파업은 찾아보기 어렵다.

일본 노조 간부들을 만나면 경영자인지 노동운동가인지 헷갈릴 정도로 기업을 먼저 생각한다. 10년 전쯤 일본 전기노조연합을 방문했을 때 만난 야스히코 오사무라 중앙집행 부위원장은 "노동자도 회사가 있기 때문에 존재할 수 있다"며 "노사협상을 벌일 때도 노동조합이 5를 얻기 원하면 회사한테도 5를 배려하는 자세가 필요하다"고 강조했다. 노조가 자신들의 요구사항이 100% 관철되지 않았다고 파업에 돌입하는 한국의 노동조합과는 노동운동 철학부터가 다르다.

도요타 왜 강한가

일본 도요타는 전세계 기업들이 모두 부러워하는 협력적 노사관계를 자랑하고 있다. 지난 1950년 75일간의 장기파업을 끝으로 도요타에 노사분규가 일어난 적이 없다. 당시 경영난을 겪었던 회사는 1500명을 해고하자 노조가 파업으로 맞서 회사와 노조 모두 큰 타격을 입었다. 이때 노조는 강경투쟁노선이 노사 모두에 실익이 안 된다는 점을 절감했다. 이 사건을 겪으면서 노조 내 강경파는 집행부에서 물러나고 회사의 협력파가 노조를 장악, 도요타 노사관계의 변화를 이끌었다.

온건합리주의 노선을 표방한 노조 지도부는 1955년 정치투쟁만 일삼는 상급단체인 젠지(全自: 전일본자동차 산업노동조합)와의 결별을 선언하고 자주적 노동운동을 전개했다. 또 이듬해인 1956년엔 '외부로부터의 온갖 압력과 개입을 배제하고 자주적 노동운동을 한다'는 조항을 노조강령에 넣음으로써 외부 개입에 흔들리지 않고 독자노선을 걷겠다는 의지를 다졌다. 이러한 노력에 힘입어 도요타 노사관계는 급격히 안정을 찾았고 지금까지 70년 가까운 무분규 전통을 이어오고 있다.

도요타는 노사협상에서 불필요한 실랑이를 벌이지 않는다. 대개 4~5차례의 협상으로 끝을 맺고 있다. 평상시 노사 실무대표가 만나 쟁점사항에 대해 충분한 논의를 하기 때문에 여러 차례 협상을 벌일 필요가 없다. 현대차 등에서 노조 동의가 의무화돼 있는 전환배치나 해외공장 설립 때도 도요타에서는 노조 동의가 필요 없다. 경영권 사항에 대해 노조가 아예 개입하지 않기 때문이다.

도요타 노조는 사상 최대 수익을 내고도 임금동결을 요구하기로 유명하다. 임금수준이 높은 상태에서 더 인상하면 다른 기업과의 위화감이 생기는 것을 고려한 때문이다. 생산직 근로자 가운데 최고수준의 임금을 받으면서 집단행동을 통해 더 받아내려는 현대차 노조와는 노동운동의 격이 다르다. 일본 렌고 방문 때 만난 렌고생활개발연구소의 야스오구보다 책임연구원은 "도요타 노조가 임금동결을 요구하는 것은 다른 기업들의 수준을 함께 고려한 사회적 임금을 의식한 것"이라고 설명했다. 그는 "일본에선 옛날부터 무사계급이 돈은 없어도 존경받는 행동을 하는 노블레스 오블리주 정신이 있다"며 "이는 높은 사회적 신뢰를 쌓아 노사관계에도 영향을 미치고 있다"고 덧붙였다.

도요타의 경쟁력은 도요타정신을 빼놓고는 설명하기 어렵다. 도요타정신은 종교와 같은 믿음과 신뢰를 바탕에 깔고 있다. 도요타 방문 때 만난 도요타연구소의 나오미 이스히 그룹 글로벌팀장은 도요타정신을 한마디로 '곤키(魂氣·혼기)'라고 표현했다. 죽을힘을 다해 일한다는 뜻이다. 도요타 가족들의 풍요로운 삶을 위해 일할 때는 조직원 모두가 똘똘 뭉쳐 전력투구한다는 얘기다. "마른수건이라도 짜면 물이 나온다"고 강조한 전 도요타 에이지 회장의 경영철학과 일맥상통한다. 에이지 전 회장은 "미국, 독일 등 일류기업과 먹느냐 먹히느냐의 싸움에서 살아남기 위해선 철저한 프로정신이 필요하다"고 강조했다. '끊임없이 머리를 짜내면 아이디어와 지혜가 나온다'는 가르침이다. 도요타는 하루아침에 세상을 뒤집는 것은 원치 않는다. 꾸준한 개선을 통해 성장동력을 높이는 것을 최고의 경영전략으로 여긴다.

도요타를 설명할 때 빼놓을 수 없는 경영전략이 또 있다. 바로 위기감의 고취이다. 도요타 경영진들은 사상최대 실적을 거두어도 결코 만족하지 않는다. 건전한 위기의식을 주입시킴으로써 나태와 게으름을 경계토록 한다. '잘 나갈 때 신경 쓰라'는 말이다. 고용보장도 도요타정신 중 중요한 가치다. 고용이 안정돼야 신뢰가 쌓이고, 신뢰가 쌓여야 종업원들의 사기가 올라 생산성도 향상될 수 있다는 것이다.

도요타 노사가 협력적 관계를 맺을 수 있는 또 다른 요인은 경영진의 현장주의이다. 경영진이 현장 근로자를 잘 이해하고 거리를 좁히기 때문에 노사관계가 원만해진다는 것이다. 경영진이 현장에 나타나지 않거나 현장을 이해 못 하면 근로자들로부터 점수를 깎이게 된다. 소니가 경영난을 겪은 것도 경영진이 현장을 소홀히 한 때문이란 분석도 있다. 닛산이 빠른 속도로 회복할 수 있었던 것도 카를로스 곤 회장의 현장 중시 경영 때문으로 렌고 관계자들은 인식하고 있었다.

영국병 고친
대처리즘

영국은 2차 세계대전 이후 경제성장 뒷받침 없이 '요람에서 무덤까지' 국가가 책임지는 복지국가를 만들려다가 '복지병'에 걸린 나라다. 영국 정부는 국민들에게 완전고용과 복지혜택을 제공하려다 보니 과도한 재정 정책을 펼칠 수밖에 없었다. 영국인들은 거품 경제 속에서 복지혜택을 당연하게 생각했고 삶이 조금이라도 불편하면 국가를 탓하는 중증의 복지병에 걸려 있었다. 이러한 복지병은 정치권의 일관성 없는 경제 정책 탓도 컸지만 수시로 벌어지는 강성노조의 파업도 큰 요인으로 작용했다. 영국 노조는 1970년대 들어 막강한 힘을 가지고 산업계는 물론 정치권에까지 그 위력을 발휘했다. 정부의 친노동 정책과 노사관계 불개입원칙은 노동권력의 힘을 키웠고 결국 노조는 파업을 통해 회사와 정부를 압박하면서 많은 이득을 챙겼다. 시장보다 정부와 노동권력의 힘에 의해 휘둘린 영국 경제는 1976년 국제통화기금(IMF)으로부터 구제금융을 받을 정도로 추락했다.

영국에선 1970년대 후반이 되자 일 년 내내 파업으로 온 나라가 골치를 앓았다. 그 당시 영국에서는 한 해 파업건수가 2000건을 넘는 것은 예사였다. 조금의 양보와 타협도 없이 밀어붙이는 노조의 파업은 영국 경제를 빈사상태로 몰아갔고 길거리에는 직장에서 쫓겨난 실업자들로 넘쳐났다. 노조가 영국 경제를 망친 주범이란 비판의 목소리가 여기저기서 들려왔다.

1979년 1월부터 시작된 공공노조의 총파업은 전국을 혼란의 도가니로 빠뜨렸다. 3개월간 이어진 이 파업으로 인해 쓰레기 처리, 응급환자 수송, 시체 매장 등 영국의 주요 공공서비스 업무가 큰 차질을 빚었다. 쓰레기는 도로 여기저기에 산더미처럼 쌓여 있었고 응급환자는 제때 치료를 받지 못해 발을 동동 굴러야 했다. 또 단전사태로 밤에는 암흑천지로 변했고 난방공급이 이뤄지지 않아 많은 사람들이 추위에 떨었다. '불만의 겨울'로 불린 이 파업은 국민들 사이에 나라가 망하는 것 아닌가 하는 위기의식을 불러일으킬 정도였다. 불과 3년 전 IMF 관리체제를 받은 뒤 경제위기에서 막 벗어나던 상황이었기에 국민들의 걱정은 더욱 컸다.

노동당 정권으로부터 더 이상 기대할 게 없다고 생각한 국민들은 1979년 봄 실시한 총선에서 보수당의 마거릿 대처를 선택했다. '철의 여인' 대처는 영국 총리에 부임하자마자 고비용 저효율의 영국병 치료에 착수했다. 그는 규제 완화와 작은 정부, 자유시장, 민영화로 대변되는 '대처리즘'을 실천하였다. 재정지출을 삭감하고 공기업을 민영화하였으며 규제를 완화하고 경쟁을 촉진하는 등 공공부문의 개혁을 추진하였다. 비대해질대로 비대해진 석탄, 가스, 전기, 수도, 철도 관련 국영기업들을 민영화했다. 대처의 개혁 정책에 대해 "기업의 탐욕과 못된 공무원이 만들어 낸 정책"이라는 비난이 나올 정도였다. 이 과정에서 국민들의 고통도 적지 않았다. 구조조정 여파로 실업자들이 늘면서 1979년 4%에 불과한 실업률이 1983년 12.4%까지 치솟았다.

복지병의 주요 요인이었던 노조권력에 대해서도 개혁의 칼을 들이댔다. 대처는 노동자들의 무분별한 쟁의행위를 막기 위해 노조 무력화 정책을 펼쳤다. 노조파업에 포괄적인 면책특권을 보장해 주던 것을 대폭 축소하고 노조도 손해배상 대상에 포함시켜 불필요한 파업을 자제토록 했다. 또 파업 찬반투표에서 승인을 받은 파업에 대해서만 면책특권을 인정하고 2차 파업을 주도한 조합간부의 면책특권은 박탈했다. 손해배상의 대상이 되는 파업을 벌인 노조에 대해선 파업중지명령을 내릴 수 있도록 했다.

대처의 노동개혁은 여기서 그치지 않았다. 파업에 동참할 것을 권유하기 위해 벌이는 피케팅의 경우 분규 당사자의 작업장이 아닌 장소에서 행해지는 2차 피케팅을 불법으로 규정했다. 피케팅에 참여할 수 있는 인원도 6명으로 제한했다. 아울러 노동쟁의 찬반투표는 우편투표방식을 택하도록 했고 노조권력의 핵심 역할을 한 클로즈드숍제도를 폐지해 비조합원의 고용을 거부하는 행위를 금지하도록 했다. 여기에다 비밀투표를 거치지 않은 파업은 금지시켰으며 파업에 참가한 근로자를 선별적으로 해고할 수 있는 권한을 사용자에게 부여했다. 대처는 외국투자 기업들에 대해선 무노조 정책을 펼쳐 많은 외국자본을 끌어들였다.

하지만 신자유주의에 대한 비판여론이 만만치 않았고 개혁 중지를 촉구하는 국민들의 목소리도 높아 갔다. 신자유주의가 국가 경제를 파탄으로 몰고 간다며 경제학 교수 300명이 나서서 이를 포기할 것을 요구하는 성명서를 발표하기도 했다. 총리 부임 후 50%를 넘던 지지율은 25%까지 추락했다. 하지만 대처는 눈 하나 꿈쩍하지 않았다. 개혁만이 위기에 처한 영국 경제를 살릴 수 있다고 판단했다. '철의 여인'이란 별명이 그냥 붙여진 게 아니었다. 대처는 국방, 외교 분야에서도 큰 공적을 남겼다. 로널드 레이건 당시 미국 대통령과 긴밀한 관계를 유지하면서 냉전 붕괴를 주도하며 세계평화를 앞당겼다. 당시 중동에서는 유럽인 납치가 자주 일어났다. 프랑스나 이탈리아 정부는 자국민이 납치되면 막후 협상을 통해 구출하려고 노력했다. 하지만 대처는 흥정을 거부했다. 피랍자 가족이나 일부 언론에선 "피도 눈물도 없다"는 비난을 쏟아냈다. 하지만 그녀는 흔들리지 않았다. 납치범과의 흥정은 또 다른 납치를 불러올 것이란 소신에서였다. 납치범에 대해 정공법으로 나간 영국은 거의 납치자가 발생하지 않았다.

1982년 아르헨티나의 침공으로 촉발된 포클랜드 전쟁은 그의 정치적 입지를 높이는 기회로 작용했다. 항공모함 2척과 구축함 8척을 비롯해 2만여 명의 병력을 전쟁에 참전시켜 포클랜드섬을 탈환하며 전쟁을 승리로 이끌자 바닥까지 떨어지던 민심이 돌아서 지지율이 80%까지 치솟았다. 포클랜드 전쟁은 아르헨티나 군부 정권이 자국의 경제난과 지지율 하락 등을 타개하기 위해 벌인 전쟁이었지만 승리는 영국에 돌아갔다. 영국 국민들은 "대영제국의 영광이 되살아났다"며 무척 기뻐했다.

전쟁에서 이긴 대처는 국민적 지지를 받으며 1983년 총선에서 다시 승리, 총리 연임에 성공했다. 대처는 11년간 총리로 재직하면서 노동개혁 및 복지개혁을 통해 영국을 선진국으로 복귀시켜 놓았다. 대처가 총리를 맡은 이후 보수당은 18년 동안 장기집권에 성공한 반면 노동당은 네 차례나 선거에 고배를 마시며 야당으로 머물러 있어야 했다. 그의 개혁 정책은 좌파정당인 노동당의 토니 블레어 전 총리가 중도실용주의인 '제3의 길'로 노선을 바꾸도록 만드는 데 큰 영향을 미쳤다.

원칙 앞에 무너진 탄광노조

영국 노동운동 역사에서 가장 강력한 노조로는 탄광노조가 꼽힌다. 대처가 집권했던 1980년대에도 탄광노조는 무소불위의 힘과 막강한 파워를 자랑하고 있었다. 그럼에도 대처는 노조와 합의 없이 전국 174개 국영탄광 20개 광산을 폐쇄하고 2만 명의 광부를 해고하는 대대적인 석탄산업 구조조정계획을 발표했다. 이는 탄광노조에 전면전을 알리는 선전포고나 다름없었다.

지금껏 정부의 간섭을 받아본 적이 없는 탄광노조 입장에서 앉아서 당할 수는 없는 노릇이었다. 아서 스카길 탄광노조위원장은 즉각 파업돌입을 선언하고 전국 17만 탄광노조원에게 파업투쟁에 나설 것을 지시했다. 1984년 3월 전국 광산노조가 일제히 구조조정 반대파업에 동참했다. 파업열기는 좀처럼 식을 줄 몰라 장장 1년 동안이나 지속됐다.

대처 역시 조금도 물러설 기미가 없었다. 법원은 불법파업을 벌인 탄광노조의 기금을 동결조치했다. 스카길 위원장 등 파업주동자 3명에게는 20만 파운드(2억 9580만 원)의 벌금을 물렸다. 탄광노조 파업 진압과정에서도 기마경찰을 동원했고 폭동진압용 장비와 도로봉쇄용 장비로 무장한 8000여 명의 경찰도 배치했다. 대처가 파업에 강력하게 대응하자 탄광노조원들은 당황하기 시작했고 노조 내 분열도 가속화됐다. 결국 탄광노조는 더 이상 견디지 못하고 1년간의 장기간 파업을 스스로 접고 백기투항하고 말았다. 대처는 탄광노조와의 싸움에서 승리를 거둠으로써 영국병을 고치는데 전환점을 마련했고 '철의 여인'이란 별명도 얻었다.

대처가 탄광노조의 파업을 굴복시킬 수 있었던 것은 바로 법과 원칙에 따른 엄정한 법집행이 있었기에 가능했다. 스카길 탄광노조위원장은 영국 노동판에서는 최강의 투사로 알려진 인물이었다. 파업에 참가한 노조원들은 패배할 것이라고는 생각지도 못했다. 그런데 파업에 돌입한지 얼마 지나지 않아 노조의 전열이 흐트러지기 시작하며 패배의 기미가 보였다. 노동당 정권 때는 웬만한 파업에 정부가 신경을 쓰지 않았으나 보수당 정권 들어 대응방식이 달라지자 노조원들이 당황한 것이다. 대처의 강력한 법과 원칙에 스카길 위원장은 투쟁 1년 만에 "파업을 더 이상 지속할 수 없다"며 무릎을 꿇었다. 대처리즘의 핵심은 어떤 정교한 이론이 아니라 법과 원칙을 지키는 일이다. 그녀는 총리를 그만둔 뒤 미국 뉴욕 경제인 클럽에서 행한 초청연설을 통해서도 "정부는 법과 원칙 그 자체" 라고 주장했다.

지금은 대처 총리 시대와 경제적·정치적 환경이 다르지만 국가 지도 자가 확고한 신념과 철학을 갖고 국정을 운영해야 하는 것은 그때나 지 금이나 다를 바가 없다. 법과 원칙을 통해 노동개혁을 성공시킨 대처리 즘은 공권력이 노조 눈치를 보는 문재인 정부에 시사하는 바가 크다.

4 부

노동개혁 이렇게 하자

노동시장
유연성 높여라

　　　　　　　　　　　　　　　　4차 산업혁명 시대를 맞아 고용시장
환경이 급변하고 있다. 생산공정이 바뀌고 새로운 제품과 서비스가 등장
하면서 고용관계에도 변화와 혁신의 바람이 휘몰아치고 있다. 이러한 와
중에 한국 사회는 세계에서 가장 빠른 속도의 저출산 · 고령화까지 진행
되고 있어 경제혁신 없이는 생존이 불가능한 구조로 내몰리고 있다. 우
리 경제는 정부의 각종 규제와 노동권력에 발목이 잡혀 고비용 · 저효율
구조에 갇혀 있다. 문재인 정부는 친노동 · 반기업 정책을 펼쳐 경제의
성장동력을 약화시키고 있다. 기업들은 새로운 투자를 주저하게 되고 인
력 채용도 꺼린다. 한국은 기업하기 어려운 나라로 낙인 찍혀 외국자본
들의 투자가 갈수록 줄어들고 있다.

　　세계경제포럼(WEF)의 '2019년 국가경쟁력' 평가 결과를 보면 우리나라
노동시장의 유연성이 얼마나 경직돼 있는지를 확인할 수 있다. 우리나라

의 종합 경쟁력은 평가대상 141개국 중 13위로 지난해 15위에서 2단계 향상됐지만, 정리해고 비용(116위)과 고용 및 해고 관행(102위)은 꼴찌 수준을 면치 못하고 있다.

우리나라도 4차 산업혁명 시대에 걸맞게 노동시장 유연화에 적극 나서야 할 때다. 규제의 사슬을 과감히 걷어내고 기업의 경영환경을 탄력 있게 만들어줘야 한다. 그래야 국가 경제가 살아 숨 쉬고 일자리가 늘어날 수 있다. 친노동 정책으로는 기업들의 성장동력이 살아나기 쉽지 않다. 문재인 대통령은 한국경제가 잘 돌아가고 있다고 말하지만 실제 경제지표는 실망스러울 정도로 부진을 면치 못하고 있다. 우리 경제가 친노동·반시장 정책을 펼친 베네수엘라·아르헨티나·그리스 등을 따라가는 것은 아닌가하는 우려의 목소리가 높다.

우리 기업들이 경쟁력을 높이기 위해선 독일·영국·미국·일본 등 선진국 수준으로 노동시장을 유연화 할 필요가 있다. 파견 및 기간제 근로의 사용과 쉬운 해고의 범위를 확대해 고용시장의 진입과 퇴출 장벽을 낮춰야 한다. 파견근로의 경우 독일은 하르츠개혁을 통해 2년으로 제한했던 파견기간을 전면 폐지했고 파견대상은 건설업 등 일부를 제외하고 전 업종으로 확대했다. 제조업도 파견대상에 포함시켰다. 일본은 2003년 항만운송·건설 등 4개 업종을 제외한 전 업종에 파견을 허용했다. 제조업 생산공정에 대한 파견 규제도 철폐했다. 파견기간은 일반직이 3년이지만 전문직은 제한을 없앴다. 미국과 영국은 파견기간과 파견근로 대상에 대한 제한이 없다. 비교적 규제가 많은 프랑스의 경우 임시 업무 등 18개 업종으로 대상을 제한했지만 노사가 합의할 경우 제조업 직접공정에 까지 파견근로가 가능하도록 했다. 파견기간은 18개월이 원칙이지만 2년까지 연장이 가능하다. 한국의 경우 파견 대상이 행정·서비스 등 32개 업종, 197개 직종으로 제한돼 있는데 수요가 몰리는 제조업에서는 파견근로가 금지되고 있다. 파견기간도 2년으로 제한돼 있다. 현대자동차의 사내 하청근로자를 둘러싼 불법파견 시비가 끊이지 않는 것도 제조업에 대한 파견이 금지돼 있기 때문이다.

기간제 근로는 나라별 근로환경과 경제 위기 정도에 따라 정책 방향에 차이가 있지만 선진국들 대부분은 높은 유연성을 유지하고 있다. OECD 회원국 중 미국·호주·캐나다·스위스·덴마크 등은 기간제의 사유 제한(예컨대 병가 출산휴가 입대 등 사유가 있을 때만 허용)이나 기간의 제한이 없다. 기간제 근로를 고용하고 싶으면 언제든지 가능하다. 영국과 아일랜드는 기간제 한도를 4년씩 허용하고 있고 일본은 5년까지 고용할 수 있다. 독일의 경우 기간제 사용이 2년으로 제한돼 있지만 창업 기업은 4년간 기간제 사용을 할 수 있다. 또한 만 53세 이상 기간제 근로자는 5년 동안 사유 없이도 고용할 수 있다. 우리나라는 대기업이든, 영세중소기업이든 관계없이 기간제 기간을 2년으로 제한하고 있다.

정부는 파견 및 기간제 사용기간을 2년으로 제한함으로써 정규직 전환이 늘어날 것을 기대하고 있지만 오히려 기업들의 경직된 인력운영으로 인해 고용이 감소하고 있다. 독일 폭스바겐과 일본 도요타는 경기변동에 따른 인력수급조절을 위해 정규직, 사내하도급, 파견, 임시직, 계약직 등을 탄력적으로 고용하며 생산성을 높이고 있다.

'쉬운 해고'를 도입하는 선진국들도 늘어나는 추세다. 독일의 경우 하르츠개혁을 통해 해고보호 사업장을 5인 이상에서 10인 이상으로 완화해 영세소규모기업들의 경영활동에 숨통을 틔워줬다. 프랑스도 마크롱개혁을 통해 쉬운 해고 제도를 도입해 경영난을 겪는 기업들의 구조조정을 지원하고 있다. 미국과 영국에서는 기업들이 경영난을 겪을 때 상시 해고가 가능하다. 우리나라도 선진국들처럼 쉬운 해고가 가능하도록 해고관련법을 손질할 필요가 있다.

선진국들이 노동시장 유연성을 높이는 이유는 일자리 창출에 도움이 되기 때문이다. 하르츠개혁을 통해 노동시장 유연성을 높인 독일의 경우 고용률이 2003년 64.6%에서 2008년 70.2%까지 치솟았다. 5년 만에 고용률이 5.6%포인트나 껑충 뛴 것이다. 네덜란드 역시 1994년 단시간 근로자고용촉진법률을 도입, 노동시장 유연성을 높이면서 63.9%인 고용률을 5년이 지난 1999년 70.8%까지 끌어 올려 경제성장의 토대로 삼았다. 2015년 기준 OECD 국가의 평균 고용률(15~64세)은 66.4%다. 고용유연성이 높은 독일(74.0%), 영국(73.2%), 캐나다(72.5%) 등의 고용률은 OECD 평균치를 훌쩍 뛰어넘는다. 반면 노동시장이 경직된 한국의 고용률은 같은 기간 65.7%로 OECD 평균치를 밑돌고 있다.

고용시장이 우리나라보다 더 경직돼 있는 이탈리아의 고용률(57.1%)은 60%에도 미치지 못하고 있다. 이 나라에선 기업들 사이에 "해고가 이혼보다 어렵다"는 푸념이 나돌 정도로 노동자의 '철밥통'을 자랑하고 있다.

정리해고를 함부로 할 수 없게 만든 '노동자 헌장 18조'가 노동시장을 경직되게 만드는 원흉(?)이었다. 이탈리아 정부는 경기침체가 지속되자 경직된 노동시장을 더 이상 유지하지 못하고 쉬운 해고를 가능케 하는 '포르네로법'을 만들었지만 고용률을 선진국 수준까지 끌어올리기에는 역부족이었다. 노동시장의 경직성이 일자리에 악영향을 미친다는 점을 보여주는 대목이다.

한국 사회가 나가야 할 방향은 명확하다. 정부가 고집하고 있는 소득주도성장정책을 하루빨리 폐기하고 기업의 성장동력에 활력을 불어넣을 수 있도록 노동시장 유연화 정책을 펼쳐야 한다. 부존자원도 없고 대외무역의존도도 높은 상황에서 노동시장의 유연성은 그 어느 나라보다 절실한 상황이다. 하지만 우리나라에서의 노동개혁은 헌법개정보다 더 어렵다는 말이 나올 정도로 쉽지 않다. 거대 노동권력은 양극화와 근로조건 저하 등을 이유로 노동개혁에 어깃장을 놓기 일쑤이다. 이 때문에 개혁의 필요성을 절감하는 정권들도 실제 노동개혁을 단행하지 못한 경우가 많다.

노무현 정권 때인 2004년 정부와 여당(열린우리당)은 파견근로 대상 전면 확대와 파견 및 기간제근로자의 사용기간을 2년에서 3년으로 연장하는 방안을 추진하다 노동계의 반대에 부딪쳐 무산된 적이 있다. '기업 프렌드리' 정책을 들고 나왔던 이명박 정권 때도 노동시장 유연화 정책을 밀어 붙였으나 노동계의 거센 반대와 총선과 대선을 의식한 여당(한나라당) 의원들의 미온적 태도로 포기하고 말았다. 박근혜 정부는 노동시장 유연화정책을 조금이나마 성사시킨 몇 안 되는 정권 중 하나다.

박근혜 정부는 저성과자 해고를 쉽게 하는 '공정 인사 지침'과 호봉제 중심 임금 체계를 성과연봉제나 역할 · 직무급제로 개편하도록 하는 '취업 규칙 해석 및 운영 지침' 등 이른바 양대 지침을 만들어 시행했다. 노동 유연성을 강화하고 경직된 임금 체계를 합리화하기 위한 조치였지만 문재인 정부 들어 반노동 · 친시장 정책이란 이유로 폐기해 버렸다. 노동계의 반대를 무릅쓰고 어렵게 만들어 놓은 노동시장 유연화 정책이 하루아침에 폐기 처분된 것이다. 문재인 정권은 노동개혁의 '개'자도 꺼내지 않을 정도로 친노동 · 반기업 포퓰리즘 정책에 경도돼 있다. 진영논리보다 국익을 먼저 생각하는 정권이라면 침체된 경제를 살리고 일자리를 늘리기 위해 어떤 정책이 필요한지를 고민하고 성찰해야 할 것이다.

노사관계법,
힘의 균형 맞춰라

1987년 민주화 바람 이후 우리나라에선 노조의 집단행동으로 엄청난 생산 차질을 빚어왔다. 과다한 요구조건을 내건 억지성 불법파업을 비롯, 근로조건과 무관한 정치파업, 조폭을 연상시키는 폭력행위 등 다양한 형태의 파업과 폭력행위가 매년 기업을 괴롭혔다. 이런 전투적 노동운동 문화가 자리 잡게 된 것은 노동편향적인 집단적 노사관계법이 큰 영향을 미쳤다. 우리나라는 일부 필수공익사업장을 제외하고는 대체근로를 원천 금지하고 있다. 노조의 파업에 대한 회사 측의 대응수단은 직장폐쇄밖에 없지만 이를 잘못 사용했다가는 부당노동행위 혐의로 처벌받는다. 과잉대응이란 이유에서다. 이러다 보니 회사 측은 노조의 불법파업이 벌어져도 가만히 앉아서 당하는 수밖에 없다.

실제로 회사 측이 노조의 불법 쟁의행위에 대항해 직장폐쇄조치를 내렸다가 사법부로부터 실형을 선고받은 사례가 많다. 강기봉 발레오전장

시스템코리아(이하 발레오) 대표는 2019년 7월 민주노총 금속노조 발레오 지회를 와해하려 한 혐의로 대법원으로부터 징역 8개월의 선고를 받았다. 이 선고는 2010년 발레오 노조의 불법쟁의행위에 회사가 직장폐쇄로 대응한데 대한 것이다. 발레오 노조는 노조가입 대상이 아닌 경비원의 아웃소싱을 반대하며 쟁의행위를 벌였고 회사는 생산차질을 빚자 직장폐쇄로 맞섰다. 그래야 노조의 사업장 점거를 막을 수 있기 때문이다. 하지만 대법원은 "노조의 조직력을 약화시키기 위한 공격적 직장폐쇄여서 정당성이 인정될 수 없다"고 판시했다. 노조의 불법파업에 대한 직장폐쇄조치가 범법행위로 판정받은 것이다.

충남 아산 유성기업에서 2018년 11월 빚어진 노조원들의 회사 간부 폭력사건도 정비되지 않는 노동관계법 탓이 크다. 산별노조체제를 채택하고 있는 선진국에서는 노조사무실이 사업장 밖에 설치돼 있어 노조의 직장 내 점거 파업은 찾아보기 힘들다. 특히 불법파업이나 폭력행위에 대해선 무관용 원칙이 철저히 적용돼 유성기업 노조와 같은 폭력행위는 아예 일어날 여지가 없다.

하지만 법과 제도가 노동계에 유리하게 만들어진 우리나라에선 불법이 판칠 가능성이 크다. 우리나라에는 선진국에서 보편적으로 시행되고 있는 대체근로 허용, 사업장 내 점거농성 금지, 파업 찬반 우편투표 실시, 부당노동행위 형사처벌 금지, 직장폐쇄의 탄력적 대응 등이 법적으로 전혀 갖춰져 있지 않다. 우리나라에도 이러한 제도들이 도입되어야 무분별한 파업이 사라질 수 있다. 이 중 가장 시급한 조항이 대체근로허용이다.

대체근로가 허용되었더라면 발레오나 유성기업에서와 같은 극한 노사갈등은 피할 수 있었을 것이다. 대체근로를 금지하는 나라는 OECD 국가 중 한국이 유일하다. 노사 간 무기대등의 원칙(principle of equal weapons)에 의해 근로자의 파업권이 보장되면 사용자의 대체인력 투입권도 보장되어야 한다. 미국에서는 근로자의 파업권과 사용자의 경영권을 대등하게 보장해 주기 위해 파업 참가자에 대한 대체근로를 자유롭게 인정하고 있다. 프랑스 독일 등에서도 파업기간 중 신규채용과 하도급을 허용하고 대체근로에 관한 금지 규정이 없다. 일본에서는 파업 시 사업장 내 인력을 이용한 대체근로와 외부 근로자 신규 채용을 통한 대체근로 모두 허용된다.

대체근로가 가능하려면 파업 장소를 선진국에서처럼 사업장 밖으로 제한해야 한다. 선진국에서의 파업은 사업장 앞 일정한 공간에서 인원의 제한을 받으면서 피케팅 시위를 하거나 아예 출근하지 않는 행위를 의미한다. 파업불참자나 대체근로자는 이 피케팅 시위 선을 가로질러 사업장 안으로 들어간다. 우리나라도 노조의 파업행위가 직장 밖에서 이뤄지도록 해야 사용자의 영업권과 파업 불참 근로자의 일할 권리가 보장받는다.

직장폐쇄 요건도 하루빨리 개선되어야 할 제도다. 노동조합법에는 노조가 쟁의행위를 개시한 이후에만 직장폐쇄를 할 수 있다고 규정되어 있다. 그런데 직장폐쇄의 적법성 여부를 둘러싸고 소송이 끊이질 않는다. 노조의 불법파업에 정당방위 차원에서 대응한 기업의 직장폐쇄 조치가 공격적이었다는 이유로 노조가 소송을 제기하는 경우가 많고 법원은 노조의 손을 들어주기 일쑤다. 사업장 내 파업까지 가능한 상황에서 직장폐쇄 요건까지 강력히 제한하면 기업들은 파업으로 인한 피해가 클 수밖에 없다. 우리나라도 대체근로 허용과 함께 직장폐쇄 요건을 완화해야 한다.

부당노동행위로 인한 형사처벌 조항도 건전한 노사관계 정착을 해치는 제도로 꼽힌다. 부당노동행위를 이유로 형사처벌하는 나라는 OECD 국가 가운데 한국 이외에 찾아보기 어렵다. 오히려 미국 등에서처럼 일부 노조의 불법·폭력 파업과 고의적인 교섭 거부를 제한할 수 있도록 노조에도 부당노동행위를 적용할 수 있게 노동법을 고쳐야 한다. 복수노조 체제 도입 이후 조합원 확보를 위한 노노, 노사 간 갈등이 급증하면서 노조의 부당노동행위 처벌 필요성이 더욱 커지고 있다.

임금 및 단체협상의 짧은 주기도 선진국 수준에 맞게 연장할 필요가 있다. 한국에서는 임금협상은 1년, 단체협상은 2년마다 실시한다. 임단협 주기가 짧다 보니 협상을 둘러싼 갈등이 빈번해지고 있다. 선진국의 경우 단체협상은 독일 3~5년, 일본 1~3년, 프랑스 5년, 미국 4~5년 등으로 산업별, 기업별 환경에 맞춰 시행하고 있다. 우리나라의 경직된 노동법제와 노조 내부의 규약들은 노조권력을 키우고 기업의 대응을 위축시키는 요인으로 작용한다.

노조전임자 임금지급 금지 역시 현행대로 유지할 필요가 있다. 정부는 "ILO가 사용자의 노조 전임자 임금지급을 부당노동행위로 간주하지 않는다"는 이유를 들어 현행 임금지급 금지규정을 폐지하려고 한다. 하지만 사용자가 노조 전임자에게 급여를 지급하게 되면 노조의 자주성과 독립성을 해칠 우려가 있다. 선진국 노조들은 전임자 임금은 노조 스스로 해결하고 있다. 사용자로부터 전임자 임금을 지급받는 것을 오히려 부끄러워한다. 우리나라 노조들도 노동운동 역사가 30년을 넘는 만큼 정당하고 떳떳하게 노조비에서 충당하는 관행을 정착시켜 나가야 할 것이다.

법과 원칙대로 대응해라

2013년 12월 철도노조가 22일간의 장기간 불법파업을 벌였을 때 많은 국민들은 큰 불편을 느꼈고 노조를 비난하는 목소리도 높았다. 수서발 KTX운영회사의 분리 방침 철회가 노조의 파업이유였다. 하지만 경영권에 관한 사항이어서 회사가 노조의 요구를 수용하지 않았다. 그러자 노조는 무리한 파업을 벌였지만 회사는 타협하지 않았다. 20일이 넘는 장기파업에도 사용자와 정부가 노조의 요구를 들어줄 기미를 보이지 않자 다급해진 건 노조였다. 노조 지도부는 사면초가 국면에 몰렸다. 파업을 풀고 무릎을 꿇자니 자존심이 상하고, 그렇다고 파업을 계속하자니 여론의 압박만 세지고 얻을 것은 별로 없을 것 같은 난감한 상황에 봉착했다. 이때 구세주(?)가 나타났다. 바로 정치권이 개입한 것이다.

당시 여당인 새누리당 잠룡으로 꼽히던 김무성 의원과 민주당의 박기춘 사무총장의 중재로 억지성 파업사태가 막을 내린 것이다. 온정적 노사관을 가진 정치인들의 개념 없는 중재로 인해 우리나라 노사관계가 몇 발짝 후퇴한 것이다. 이 사태에 정치권이 개입하지 않고 법과 원칙에 의해 처리했더라면 철도노조는 더 이상 억지성 파업을 벌이지 않았을 것이다.

그 당시 정치권 개입에 의해 파업사태가 해결된 탓인지 철도노조는 2019년 11월 협상과정에서 또다시 파업의 깃발을 들었다. 노조는 3조 2교대를 4조 2교대로 바꿔줄 것과 인력 4600명을 충원해줄 것 등을 요구했다. 노조 내부에서조차 과다한 요구라는 지적이 일었지만 노조 지도부는 이에 아랑곳하지 않고 파업을 벌인 것이다. 철도노조의 사례는 법과 원칙의 중요성을 일깨워주는 대목이다. 과거 독재정권이 국제 경쟁력을 명분 삼아 노동자들의 기본권을 억압해 온 측면이 있고 이로 인해 노동조합의 불법파업을 묵인해 왔던 게 사실이다. 하지만 이제 노동관계법이 선진국 수준 이상으로 정비된 상태다. 불법행위에 대해 법과 원칙에 따라 강경하게 대응해도 정부의 정당성은 조금도 침해받을 이유가 없다.

공권력이 솜방망이 처벌로 일관하다 보니 노조 지도부는 웬만한 불법파업을 벌여도 전혀 두려워하거나 꺼리는 기색이 없다. 파업을 주도하다 해고당해도 몇 년 지나면 언제 그랬냐는 듯이 기업들은 해고 노조원들의 복직을 허용한다. 해고기간 중 임금은 노조에서 지급한다. 회사가 불법파업으로 손실을 입어 노조로부터 손해배상 지급판결을 받아도 시간이 어느 정도 지나면 없었던 일로 해준다. 이러다 보니 노조 간부들은 불법파업을 마다할 이유가 없다. 오히려 해고당하거나 징역살이하는 것을 '훈장'으로 여기는 노조 간부들도 많다고 한다. 결국 일관성 없는 대응과 솜방망이 처벌이 불법파업을 부채질하는 셈이다. 불법파업에 대해 법과 원칙에 따라 철저히 대응해야만 잘못된 노동운동 관행을 뿌리 뽑을 수 있다.

근로시간과
임금체계 유연화해라

　　　　　　　　　　　　　　　　"주 52시간 근무제를 일률적으로 강
제해 개인의 일할 권리를 국가가 막아서는 안 된다." 대통령 직속 4차산
업혁명위원회의 장병규 위원장이 2019년 10월 발표한 '4차 산업혁명 대
정부 권고안'에 담긴 내용이다. 장 위원장은 "주 52시간제가 노동자의 건
강권과 기본권을 보호하는 측면이 있지만 의도치 않게 혁신을 막고 있
다"고 주장했다. 문재인 대통령이 임명한 사람답지 않게 혁신을 주장한
것이다. 4차 산업혁명 시대 변화와 혁신을 이끄는 인재를 포용하기 위해
과거와 같은 규제중심의 정책으로는 살아남기 힘들다는 진단이다.

　　그는 언론과의 인터뷰에서도 "규제가 많은 이대로는 미래가 없다"고
쓴소리를 했다. 장 위원장은 "스타트업은 회사가 시켜서가 아니라, 스스
로 일하는 경우가 많다. 주 52시간 이상 일하고 싶어하는 사람에게 정부
가 일을 못 하도록 막는 것은 개인의 자유와 행복추구권을 심각하게 침

해할 소지가 있다"고 지적했다. 스타트업에 있는 사람들은 회사가 시켜서가 아니라 스스로 알아서 주 52시간보다 훨씬 많이 일한다. 자기 발전과 이익을 위해서다. 그런데 정부가 강제하는 것은 4차 산업혁명 시대에 맞지 않는다는 것이다.

우리나라는 주 52시간이란 규제로 묶어 놓아 기업의 생산활동이 큰 타격을 입고 있다. 정부의 탄력근로제 기한 연장 방침을 반대하며 벌이는 민주노총의 총파업투쟁을 보면 도무지 이해가 되지 않는다. 탄력근로시간제는 일정 기간 내에 근로시간을 늘리고 줄이면서 조절하는 제도다. 근로시간을 일일, 일주일 단위로 엄격하게 지키는 것이 아니라 탄력적으로 근무시간을 조절하는 것을 의미한다.

근로자 입장에서는 임금수준에 변화가 거의 없고, 과로를 하는 것도 아니어서 반대할 이유가 없다. 하지만 민주노총은 투쟁의 깃발부터 든다. 이명박 정부 때인 2012년 이채필 고용노동부 장관이 근로시간 단축을 강력하게 추진한 적이 있다. 일과 가정의 양립과 일자리창출이 근로시간 단축의 주요 목적이었다. 하지만 이때까지 민주노총은 '주 68시간'에 대해 그리 격렬하게 저항하지 않았다. 주 68시간은 노동강도로 볼 때 탄력근로시간제 6개월에 비해 몇 배는 강하다. 그런데 민주노총이 근로자의 건강권 운운하면서 탄력근로제 6개월에 반대하는 것을 보면 황당하기까지 하다.

미국, 일본, 독일, 프랑스 등 대부분의 선진국은 1년 단위의 탄력근로제를 시행하고 있다. 일본은 2018년 근로시간 개혁을 통해 월 100시간으로 연장근로시간을 제한했지만 우리나라의 월 52시간(주 12시간)에 비해 두 배나 많은 수준이다. 그 이전에는 기업 노사가 합의하면 연장근로는 얼마든지 가능하도록 허용했다. 근로시간이 기업의 기술개발과 제품 경쟁력의 원천이라는 것을 누구보다 잘 알고 있기에 근로시간을 타이트하게 규제하지 않은 것이다. 문재인 정부도 근로시간의 유연화 작업을 적극 검토해야 한다. '저녁이 있는 삶' 이라는 달콤한 문구에 집착할 때가 아니다. 기업의 신기술은 업무집중과 끊임없는 연구개발에서 나온다. 기업들은 정해진 시간보다 일하고 싶을 때 일할 수 있는 유연한 근로시간 제도가 필요하다.

임금체계 개편도 필요하다. 호봉급 중심의 임금체계를 직무급으로 과감히 바꿀 필요가 있다. 한국경제연구원이 2019년 8월 조사한 바에 따르면 대기업 근로자 중 63.4%는 근속연수에 따라 기본급이 결정되는 호봉급을 받는 것으로 나타났다. 또 직무 성격 및 난이도에 따라 직무급을 받는 근로자는 18.5%, 근로자의 능력, 숙련 정도 등에 따라 직능급을 받는 근로자는 16.4%로 드러났다. 특히 생산직의 경우 호봉급이 95.1%로 대부분을 차지했다. 반면 사무직은 직능급 40.5%, 호봉급 38.4%, 직무급 20.9%였다. 연구·기술직은 직무급 49.6%, 호봉급 31.8%, 직능급 18.4% 순으로 조사됐다. 생산직의 경우 대부분 호봉급을 받고 있는 반면 사무직이나 연구·기술직은 호봉급 비중이 낮고 직능급과 직무급의 비중이 높은 점을 알 수 있다.

미국 등 선진국의 생산직들은 대부분 직무급을 적용받는다. 직무에 따라 임금이 결정되다 보니 5년 차나 20년 차나 임금수준이 비슷하다. 연수 보다는 직무 성격에 따라 임금격차가 발생한다. 고령화사회가 빠르게 진행되고 65세 정년이 검토되고 있는 우리나라에서도 구시대적인 연공서열형 호봉제를 떨쳐버리고 생산성 등을 고려한 임금체계를 도입할 때다. 제러미 리프킨은 4차 산업혁명 시대에는 '한계비용 제로사회'가 도래하고 공유경제가 사회 전반으로 확산될 것이라고 예측한 바 있다. 급변하는 기업 환경에서 직무급에 기초한 임금체계의 구축은 미래기업의 경쟁력 제고를 위해서도 필요하다.

기술혁신이 빠르게 진행되는 시대를 맞아 포괄임금제는 더욱 확대될 필요가 있다. 근무시간에 따라 생산성의 크기를 평가하기 어려운 사무직에 대해 포괄임금제를 적용하는 것은 글로벌기준에도 부합한다. 포괄임금제를 금지하는 것은 시대적 흐름에 역행하는 규제다. 지금 현장 기업들 중 70% 이상은 포괄임금제 금지를 원칙적으로 반대하고 있다. 그 이유로 '근로시간 산정이 어려운 업무에 대해 구체적인 지침 마련이 사실상 불가능해 시장 혼란 가중이 우려된다'는 점을 들고 있다. 2019년 2월 한국경제연구원이 매출액 기준 600대 기업을 대상으로 포괄임금제 실태조사를 한 결과, 총 195개 응답 기업 중 113개사(57.9%)가 포괄임금제를 도입 중인 것으로 조사됐다.

포괄임금제는 근로시간 산정이 어려운 업종에 한해 연장 · 야간근로수당을 급여에 포함해 일괄 지급하는 제도다. 그런데 대법원은 감시 ·

단속 업무 등 제한적인 업종에만 포괄임금제를 적용하도록 판결한 바 있다. 이 때문에 문재인 정부는 사무직 근로자 등을 적용 대상에서 제외하는 포괄임금제 가이드라인을 마련 중이다. 정부는 산업현장의 현실을 무시한 채 '포괄임금제 금지'를 무리하게 추진하는 듯한 느낌이다.

임금 정책을 칼로 두부 자르듯 딱 부러지게 펼치면 안 된다. 산업별, 업종별, 직종별로 임금체계는 다양하게 적용돼야 한다. 정부가 임금체계에 깊숙이 개입하면 기업들의 인력운영이 힘들어지고 생산성은 떨어질 뿐이다. 사무직 근로자에 대해선 초과근로시간에 대한 가산임금을 지급할 필요가 없다. 자기 주도적으로 업무를 할 수 있는데다 성과가 시간에 비례하는 업무가 많지 않기 때문이다.

이와 함께 미국에서 시행 중인 '화이트칼라 이그젬프션(White Collar Exemption)' 제도를 벤치마킹할 필요가 있다. 이는 사무직의 임금 정책을 탄력적으로 운영하고 기업의 인건비 부담 등을 줄이기 위한 제도다. 관리직, 행정직, 전문직, 외근영업직, 컴퓨터 전문직 등 사무직에 종사하는 근로자들에게는 시간 외 근무수당을 지불하지 않는 제도로 1938년 도입된 뒤 80년 이상 시행 중이다. 주당 임금이 913달러(연봉 4만 7476달러) 이상인 고소득 사무직과 연봉 10만 달러 이상 고액연봉자 등이 대상이다. 미국의 화이트칼라는 대부분 연장근로수당을 받지 않으며 이들은 근무시간 규정에 얽매이지 않고 일을 한다. 월요일부터 금요일까지 한숨도 자지 않고 일을 해도 연장근로수당을 받지 못한다. 하지만 불만은 없다. 목표를 달성하면 충분한 보상이 주어지기 때문이다. 이그젬프션 제도가 도입된 배경은 화이트칼라 업무의 경우 근무시간의 길고 짧음에 따라 성과를 측정하기 어렵기 때문이다.

일본도 2019년 4월부터 연봉 1000만 엔(약 1억 원) 이상의 고소득전문직은 연장근로수당 적용대상에서 제외시키고 있다. 미국의 화이트칼라 이그젬프션과 비슷한 제도를 도입한 것이다. 2012년 6월 일본의 유연근로 현황 취재 차 만난 도쿄대 법대의 아라키 다카시 교수는 "화이트칼라는 근무시간에 비례해 성과가 증가하지 않기 때문에 이를 보완할 제도가 필요하다. 이것이 바로 자기관리형 근로시간제인 화이트칼라 이그젬프션"이라고 말했다. 그는 "현행 제도로는 하루 8시간 어슬렁거리면서 일하고 나머지 잔업 2시간도 대충 일했을 때 2시간분의 연장근로수당을 지급하게 되는데 이는 잘못된 제도"라고 지적했다. 8시간을 일하든, 10시간을 일하든 근로자에게 맡겨진 업무를 얼마나 제대로 했는지가 중요하다는 얘기다. 새로운 기술혁신의 시대가 도래하는 상황에서 우리나라도 근로시간의 양으로 성과를 측정하기 힘든 사무직 근로자에 대해서는 연장근로 수당을 지급하지 않는 화이트칼라 이그젬프션 등 유연 근로시간제도를 적극 검토할 때다.

실용주의 노동운동
펼쳐라

2019년 11월 서울 여의도에는 주말인데도 10만 명(민주노총 측 주장)의 노동자들이 모였다. 민주노총이 주관한 전국노동자대회로 국회 통과를 앞두고 있는 탄력근로제 기간 확대 저지를 위한 항의성 집회였다. 탄력근로제 기간확대가 노동자의 기본권을 짓밟는 행위라는 것이다. 탄력근로제 기간확대는 노동자의 건강권과 기본권을 악화시키는 악법은 아니다. 주 52시간제로 인해 경영에 어려움을 겪는 기업들에 조금이나마 숨통을 틔워주기 위해 정부가 마련한 제도다. 하지만 민주노총은 거들떠보지도 않는다. 조직 내 헤게모니 싸움이 치열해 투쟁을 통해 조직 내 입지를 다져온 민주노총 지도부는 웬만한 노동관계법 개정에 대해서도 투쟁의 깃발을 올린다. 정부 정책에 동조를 했다가는 조직 내 강경파의 거센 반발을 불러일으키기 때문이다. 기업의 경영활동을 고려한 상급노동단체 지도부의 실용주의 리더십은 찾아보기 어렵다.

우리나라 노사관계가 바뀌려면 이념과 정치투쟁에 몰두하는 노동계 지도부의 리더십부터 달라져야 한다. 한국의 노동운동은 과도하게 정치화됨으로써 노사 간 불신과 갈등을 증폭시켜 왔다. 상생과 협력을 거부하고 이념과 정치투쟁을 선호하는 노동운동은 글로벌시대의 흐름과도 맞지 않는다. 노동조합이 어떻게 싸우면 이길 것인가를 생각할 게 아니라, 어떻게 협력하면 회사의 파이를 키울 것인가를 생각하는 열린 자세가 요구된다. 명분과 조직논리를 내세운 투쟁만능주의에서 벗어나 회사의 생산성과 경쟁력을 생각하는 실용주의 노동운동이 필요한 때이다. 이념과 정치투쟁에 매몰된 전투적 조합주의로는 4차 산업혁명 시대에 살아남기 힘들다.

제러미 리프킨을 비롯 앨빈 토플러, 피터 드러커 등 미래학자들은 노동운동의 미래에 대해 매우 비관적인 전망을 내놓고 있다. 이들은 거대 공룡 같은 존재인 노동조합이 빠르게 변하는 주변환경에 적응하지 못하면 궁극적으로 없어지거나 단순한 주변세력으로 전락할 것이라고 진단한다. 더구나 기업 간 경쟁이 격화되고 산업구조가 급변하는 상황에서 노조가 예전처럼 집단 권력에만 의지하고 노동운동의 패러다임을 바꾸지 않는다면 그 생명은 더욱 짧아질 수밖에 없다. 국내 노동운동을 주도해온 현대자동차의 하부영 노조위원장(민주노총 금속노조 현대차 지부장)은 2019년 11월 '노동조합의 사회연대전략' 토론회에서 투쟁적인 노동운동에 대해 쓴소리를 했다. 그는 이 자리에서 현대차 노조에 대해 "대한민국 10% 기득권 세력이 돼 '부자 되기 운동'을 한 것"이라며 "우리만 잘 먹고 잘사는 임금인상 중심의 투쟁은 옳지 않다"고 비판했다. 조합원 5만 2000여 명의 국내 최대 노조인 현대차 노조위원장이 집단이기주의 노동운동을 한데 대해 반성을 한 셈이다.

선진국 노동조합들은 권력을 내려놓은 채 시대적 흐름에 맞춰 상생의 노동운동을 펼친 지 오래다. 노동운동의 발상지인 영국을 비롯 일본, 독일, 미국 등에선 투쟁중심의 노동운동은 자취를 감추고 실용주의 운동 노선이 확산되고 있다. 노조 지도자들은 조직장악을 위한 내부 투쟁이나 정치적 행동을 자제하고 조합원들의 근로조건에 도움이 될 수 있도록 기업의 이윤극대화와 효율성 추구에 적극 협조하고 있다.

필자가 영국노총(TUC)을 방문했을 때 만난 한 노총 간부는 "1938년 경제공황 이후 산하 노조에 총파업을 지시한 경우가 단 한 차례도 없었다"고 자랑스럽게 말했다. 이라크 파병 때도 영국노총 지도부의 일치된 견해가 없다는 이유로 반대 의견조차 발표하지 않았다고 덧붙였다. 1980년대 마거릿 대처 총리가 노조 무력화 정책을 쓸 때도 영국노총은 총파업에 앞장서지 않았다. 노동운동이 정치투쟁에서 실용주의노선으로 바뀌었다는 얘기다.

이러한 노동운동의 변화 흐름은 미국에서도 목격된다. "글로벌 경쟁체제에서 노사가 대립하는 것은 비생산적이다. 회사가 수익을 높이도록 돕는 것이 노조의 역할이고 조합원을 위하는 길이다." 대표적 강성 노조인 전미자동차노조(UAW)의 밥 킹 위원장이 2011년 GM, 포드, 크라이슬러 등 '빅3' 자동차업체와 단체협약을 끝낸 뒤 외신과 가진 인터뷰에서 밝힌 내용이다. 2008년 금융위기 이전까지만 해도 UAW 위원장이 회사를 걱정하는 발언을 기대한다는 것은 상상도 할 수 없는 일이었다. 하지만 기업의 경영환경이 급변하면서 노동조합의 이익만을 대변하던 UAW 수장의 리더십이 달라진 것이다.

독일 하르츠개혁이 성공할 수 있었던 것도 독일노총(DGB) 지도부의 노사상생 리더십이 있었기에 가능했다. 하르츠개혁은 노동시장 유연성 등 노동계의 양보를 전제로 하는 내용이 많았다. 하지만 독일노총은 통독 이후 어려워진 국가 경제를 살리기 위해 추진된 노동개혁에 극렬하게 반대하지는 않았다. "노동조합이 독일병의 주범"이라고 비난하는 여론 지도층의 사회적 압력이 가해진데다 독일노총 지도부의 합리적 리더십이 노동개혁을 받아들이는데 큰 역할을 했다. 독일노총의 상생 리더십이 독일 경제가 활기를 찾는데 큰 기여를 한 셈이다. 사실 독일 노동운동은 우리나라와는 차원이 다르다. 하르츠개혁이 한창이던 2003년 세계적 전자업체인 지멘스 노조가 회사 측의 '임금인상 없는 근로시간연장(주 35시간 → 40시간)' 제안에 대해 큰 반발 없이 수용했다. 노조가 받아들이지 않으면 공장을 헝가리로 이전하겠다는 회사측의 협박성 경고에 위축된 측면이 있지만 투쟁보다 실리를 감안한 노동조합 지도부의 실용주의 리더십이 크게 영향을 미쳤다고 볼수 있다. 한국 노동현장에서 '임금인상 없는 근로시간연장'은 아예 논의조차 힘든 이슈다. 만일 한국에서 이같은 협상이 벌어졌다면 노동조합은 즉각 총파업으로 맞서 기업들은 큰 홍역을 치렀을 것이다.

일본 노조 지도자들도 상생의 리더십을 통해 노사관계 안정에 앞장서고 있다. 1970년대 중반까지 투쟁적인 노동운동으로 골머리를 앓던 일본의 노동현장이 안정을 찾은 것은 노조 간부들의 실용주의 리더십이 큰 역할을 했다. 8개 대기업 노조위원장들이 좌파 노동단체인 총평의 과도한 임금인상투쟁에 반기를 들고 임금자제를 다짐한 것은 상생의 노동운동만이 기업을 살리고 조합원들의 근로조건을 개선시킬 수 있다는 확고한 철학과 리더십이 있었기에 가능했다. 일본 노조 지도부의 상생의 노동운동 철학은 우리나라 노조 간부들이 본받아야 할 교과서다.

여러 계파가 주도권 싸움을 벌이고 있는 민주노총은 상생의 리더십을 발휘하기 쉽지 않은 조직이다. 합리적이고 온건한 운동방식은 곧바로 강경파의 반발에 부딪힌다. 노동자에게 조금이라도 불이익이 간다고 생각하는 사회적 이슈가 생기면 바로 투쟁에 나선다. 투쟁은 힘이다. 투쟁을 통해 조직을 이끌 수 있는 힘을 만든다. 민주노총위원장들은 처음에 대화와 타협을 통한 실용주의 노동운동을 다짐하다가도 얼마 지나지 않아 전투적 조합주의로 돌아선다.

노동운동현장에서 간판 '투사'로 활약했던 단병호 씨가 민주노총위원장을 그만둔 뒤 후임 온건파 위원장들이 잇따라 변화와 개혁을 약속했지만 계파 갈등, 투쟁만능주의 등 구시대 유물은 청산되지 않고 있다. 그동안 민주노총을 이끌었던 이수호, 이석행, 임성규, 김영훈, 김명환 등 전임 위원장들은 꿈과 희망이 담긴 운동노선을 다짐해 국민들로부터 박수

갈채를 받았다. 하지만 이러한 약속을 실현하지 못한 채 모두 '공수표'로 날려 보냈다. "투쟁보다 대화를 통한 노동운동을 펼치겠다"(이수호), "붉은 머리띠를 매지 않겠다"(이석행), "쇠파이프 갖고 하는 노동운동은 설 땅이 없다. 낮은 자세로 국민에 다가가는 민주노총이 되겠다"(김영훈) 등 위원장이 바뀔 때마다 부르짖던 약속들은 곧 투쟁가로 바뀐다. 이제 민주노총 노조 지도부도 투쟁만능주의에서 벗어나 실사구시의 리더십을 발휘해야 할 때다. 그것이 기업도 살고, 조합원도 사는 길이다. 투쟁경력을 입신양명이나 정치권 진출의 방편으로 삼으려는 구대시적 노동운동 행태는 청산해야 할 적폐다.

이상수 현대자동차 신임 노조위원장은 2019년 12월 "조합원들도 이제 뻥파업, 묻지마 투쟁을 식상해 한다. 시대 변화에 적응 못하면 현대차는 오래 갈 수 없고 발 빠르게 대응하는 것이 고용의 미래를 책임질 수 있다"고 강조했다. 그러면서 노조도 사회적 역할을 고민하고 실천할 것이라고 다짐했다. 실용주의 노선을 걷겠다는 대내외 선언이다. 그의 다짐은 파업중독증에 걸린 현대차 노조는 물론 우리나라 전체 노동운동의 변화에 큰 영향을 미칠 수 있다. 하지만 중요한 것은 실행이다. 지금까지 합리적 노동운동을 펼치겠다고 약속한 현대차 노조 지도부는 많았지만 실행에 옮긴 경우는 별로 없었다. 이번 다짐이 실행돼 거의 매년 되풀이되는 현대차 노조의 파업관행이 개선되었으면 하는 바람이다.

노조의 가장 중요한 사회적책무(USR)는 투쟁이 아니라 상생이다. 노사대립이 심한 우리나라 노사 현실에서 대기업 노조의 파업 자제는 중요한 사회적 책무 중 하나다. 대기업 노조가 '귀족노조'로 비판을 받는 이유는 사회적 책무를 소홀히 한 채 '내 밥그릇 챙기기' 투쟁에만 몰두하기 때문이다. 이제 집단이기주의에서 벗어나 사회구성원들과 함께 공존, 공생할 수 있는 생산적인 노동운동을 펼쳐야 할 때다. 노조의 사회적 책무는 노동시장 및 노사관계를 둘러싼 환경변화를 극복하기 위한 새로운 전략이다. 우리나라에서 USR을 가장 먼저 실행한 LG전자 노조는 상생의 노사관계를 구축하면서 노동운동의 새로운 패러다임을 제시하고 있다.

합리적 노동운동을 위해선 외부세력의 개입을 막고 자주적 노동운동을 펼칠 필요가 있다. 노동운동의 가장 큰 폐해 중 하나가 외부세력의 개입이다. 정치권 시민단체들이 노사관계에 개입하다보면 정상적인 협상이 어려워지고 문제가 꼬이는 경우가 많다. 외부세력과의 단절을 꾀하면서 실용주의적인 자주노선을 걸을 필요가 있다. 노조가 정치투쟁에 관심이 많고 기업의 경쟁력 강화에 관심이 없으면 외부세력의 투쟁압력에 흔들리기 쉽다.

국가 지도자의
강력한 리더십 필요하다

"노동시장 개혁을 할 때 노동계와 경영계 등 이해당사자들에게 결정권을 줘서는 안 된다." 2015년 5월 전경련에서 열린 '독일 아젠다2010의 경험과 한국에 주는 조언'이란 주제 강연에서 '하르츠개혁'을 성공적으로 이끌어 낸 게르하르트 슈뢰더 전 독일 총리가 한 말이다. 노동개혁은 노사 간 타협을 통해 이루어질 수 없다는 점을 강조한 것이다. 노동개혁을 성공한 독일, 프랑스, 영국 등 선진국들은 이를 사회적 대화나 노사 간 타협을 통해 추진하지 않았다. 국민들의 반대여론을 의식하지 않고 국가 경제를 최우선으로 생각하는 정치 지도자의 강력한 리더십을 통해 관철시켰다.

독일은 실업률이 11%를 웃돌던 2003년 노동시장을 시장 친화적으로 뜯어고치는 하르츠개혁을 단행했다. 노동권력이 막강한 독일노총(DGB)이 버티고 있었지만 국가 경제의 회생과 고용창출을 위해 어쩔 수 없는 선택이었다. 독일노총도 내부 반대여론이 많았지만 경제활성화를 위해 펼치는 정부의 노동개혁에 마냥 반대만 할 수는 없었다. 특히 학계, 정치권, 언론계 등이 나서서 사회적 압력을 가하는 상황에서 노동계가 그동안 주장해 오던 분배, 복지 중심의 케인스주의 정책을 더 이상 고집하기 어려웠다. 결국 하르츠개혁은 지도자의 강력한 리더십이 이끌었고 여기에 노동단체의 협력적 자세가 뒷받침돼 이뤄낸 합작품이다.

마크롱 프랑스 대통령 역시 열린 마음으로 개혁을 성사시킨 지도자다. 프랑스 노조는 세계적으로 알아주는 강성이어서 프랑스는 노동개혁이 쉽지 않은 나라로 꼽힌다. 하지만 마크롱은 개혁을 주저하지 않았다. 개혁만이 프랑스 경제를 살릴 수 있다고 믿었기 때문이다. 마크롱은 2019년 신년사에서 "노란조끼는 증오에 찬 군중이며 프랑스를 부정하는 사람들"이라고 비판하면서 실업급여 개편, 공무원감축, 연금조정과 같은 개혁을 멈추지 않겠다고 선언했다. 노란조끼의 반대투쟁은 감수하고 개혁을 밀어붙이겠다는 의지를 국민들에게 밝힌 것이다. 마크롱은 개혁을 위해 국민 설득 작업에도 나섰다. 그는 2019년 초 노르망디 소도시에서 열린 첫 토론회에서 6시간이나 자리를 지키며 국민들의 의견을 경청한 뒤 개혁의 당위성에 대해 설명해 주었다. 개혁에 대한 국민 설득작업은 연중행사로 진행되었다. 그해 10월 남부에 있는 로데즈라는 도시에서는 500명의 주민들이 대통령을 에워싸 질문을 퍼붓는 바람에 3시간 넘는 스탠딩 토론을 갖기도 했다. 국민을 직접 찾아가는 현장 토론행사는 마크롱개혁에 대한 신뢰와 이해도를 높였다. 프랑스 노동개혁이 순조롭게 진행되고 있는 것은 마크롱 대통령의 강력한 리더십이 있기 때문에 가능한 것이다.

1980년대 대대적으로 시작된 마거릿 대처의 노동개혁 역시 국정 책임자의 강력한 리더십이 있었기에 가능했다. 이 개혁은 그동안 무소불위의 권력을 휘두르던 영국 노조들의 노동운동형태를 완전히 뒤바꿔 놓을 정도로 파격적으로 진행됐다. 당시 영국에선 강성노조의 잦은 파업과 태업으로 인해 경제는 엉망진창이었다. 대처는 그 원인이 과도한 노조권력 때문이라고 진단했다. 대처는 노조를 무력화시키는 노동개혁 정책을 밀어붙였고 결국 집단권력을 누리던 노동운동은 투쟁노선을 바꿀 수밖에 없었다. 이때부터 영국 경제는 활기를 찾기 시작했다. 보수당 정권으로부터 바통을 이어받은 노동당의 토니 블레어 총리도 대처가 만들어놓은 노동개혁 정책을 대부분 수용해 '바지 입은 대처'라는 별칭을 얻을 정도였다.

우리나라도 노동개혁에 성공하려면 국정을 책임지는 대통령의 열린 마인드와 강력한 리더십은 필수적이다. 국정 책임자가 노동계와 좌파 시민단체의 눈치를 살펴서는 노동개혁은 요원하다. 문재인 정부는 반기업, 반시장, 친노동 정책을 펼치면서 국민 경제에 주름살을 깊게 만들고 양질의 일자리를 없애고 있다. 문 대통령은 실질적인 규제개혁은 생각지도 않으면서 경제장관회의 등에서는 기업이 투자할 수 있는 환경을 조성하라고 지시한다. 말만 혁신이고 개혁이다. 문 정권은 정권연장에만 매몰돼 선심성 복지포퓰리즘과 돈 뿌리기 정책에만 관심을 쏟는 모습이 역력하다. 이렇게 해서는 국가 경제가 살아나기는커녕 양질의 일자리만 사라지게 할 뿐이다. 홍남기 부총리가 2019년 10월 미국에 갔을 때 월가 금융전문가들로부터 한국의 친노조 정책에 대해 비판을 받은 것은 우리나라의 자본시장이 외국투자자로부터 매력을 끌지 못한다는 점을 보여주는 사례다.

　민주노총과 시민단체 등 좌파세력을 등에 업고 대선에서 승리한 노무현 정권은 시장경제를 외면하지 않았다. 그는 자신의 이념적 스펙트럼을 '좌파 신자유주의'라고 스스로 부를 정도로 실용주의 노선을 걸었다. 노무현 대통령은 취임 첫해인 2003년 친노동자 행보를 보였지만 화물연대 파업으로 인해 막대한 비용을 치른 뒤에는 민주노총에 쓴소리를 마다하지 않았다. 그는 역대 어느 정권보다 친노동계 성향을 보였지만 정상궤도를 벗어난 민주노총의 운동행태에 대해선 신랄하게 비판을 가했다. "대기업 귀족노조, 그들만의 노동운동", "정부를 길들이려는 파업", "집단이기주의에 빠진 대기업 노조" 등 온갖 쓴소리를 해댔다. 이에 대해 민주노총은 "선무당 노무현이 노동자 잡네"라며 노골적으로 노 대통령을 비판하기도 했다. 노 대통령은 민주노총과 시민단체의 거센 반대와 압박 속에서도 실용주의 정책기조를 결코 바꾸지 않았다. 2004년 이라크 파병, 2006년 한 · 미 자유무역협정(FTA) 추진, 2007년 제주 해군기지 건설 결정 등이 대표적 친시장, 반노조 정책들이다.

　노동개혁은 어렵고 힘든 작업이다. 개혁에는 저항이 따르게 마련이다. 따라서 국가 지도자는 개혁이 왜 필요한지를 고민하고 성찰해야 한다. 그런 뒤 국민도 만나고 노동계 지도자도 만나서 노동개혁의 필요성에 대해 토론하고 설득작업을 벌여야 한다. 이게 국정운영을 책임지는 정치 지도자의 의무이자 사명이다. 노동권력이 유난히 센 한국에서 이러한 설득과정을 거치지 않고 성급하게 개혁 정책을 밀어붙였다가는 역효과만 낼 수 있다. 말로만 노동개혁을 외쳐서는 절대로 성공할 수 없다.

슈뢰더 총리 역시 달콤한 포퓰리즘 대신 개혁 정책을 밀어붙인 탓에 지지율이 하락했고 정권을 내주는 결과로 이어졌다. 1998년 연방하원 선거에서 사민당이 40.9%의 지지를 얻은 덕분에 총리에 당선됐던 슈뢰더는 하르츠개혁 이후 치러진 2005년 선거에서 지지율이 34.2%로 급락해 기민당의 메르켈에게 총리 자리를 빼앗겼다. 사민당 내에서도 노동개혁에 대한 비판이 많았지만 슈뢰더 총리는 눈 하나 꿈쩍하지 않았다. 노동개혁만이 국가 경제를 살릴 수 있다고 생각했기 때문이다. 소속 정당의 지지율 하락을 감수하고 국가 경제 회생만을 생각한 슈뢰더의 통 큰 리더십과 마크롱의 토론을 통한 국민 설득작업, 대처의 강력한 노조 무력화 정책 등은 노동개혁에 나서는 우리 정치 지도자들이 배워야 할 덕목이자 리더십이다. "대중은 작은 손해에도 개혁을 반대하지만 리더라면 국익에 자리를 걸어야 한다"는 슈뢰더의 말은 우리나라 정치인들이 새겨들어야 할 고언이다.

노조공화국

발행일 2020년 2월 20일 초판 1쇄
2020년 4월 10일 초판 2쇄

지은이 윤기설
발행인 고영래
발행처 (주)미래사

주소 서울시 마포구 신수로 60, 2층
전화 (02)773-5680
팩스 (02)773-5685
이메일 miraebooks@daum.net
등록 1995년 6월 17일(제2016-000084호)

ISBN 978-89-7087-328-2 03330

© 윤기설, 2020

이 책의 저작권은 저자와 도서출판 미래사가 소유합니다.
신저작권에 의하여 한국 내에서 보호받는 저작물이므로 무단 전재와 무단 복제를 금합니다.

＊ 가격은 뒤표지에 있습니다.
＊ 잘못 만들어진 책은 구입처에서 바꾸어 드립니다.